W0102505

Anne Atik
Wie es war
Erinnerungen an Samuel Beckett

Mit neun Porträtzeichnungen
von Avigdor Arikha
Aus dem Englischen übersetzt
von Wolfgang Held
Suhrkamp Verlag

Titel der 2001 bei Faber and Faber in London erschienenen Originalausgabe:
How It Was – A Memoir of Samuel Beckett
© Anne Atik, 2001

Erste Auflage 2003
© Suhrkamp Verlag Frankfurt am Main 2003
Für die Zeichnungen: © Avigdor Arikha
Die Zeichnungen und Faksimiles wurden von Avigdor Arikha fotografiert.
Alle Rechte vorbehalten, insbesondere das des öffentlichen Vortrags sowie der Übertragung durch Rundfunk und Fernsehen, auch einzelner Teile.
Kein Teil des Werks darf in irgendeiner Form (durch Fotografie, Mikrofilm oder andere Verfahren) ohne schriftliche Genehmigung des Verlages reproduziert oder unter Verwendung elektronischer Systeme verarbeitet, vervielfältigt oder verbreitet werden.
Druck: Memminger MedienCentrum AG
Printed in Germany
ISBN 3-518-41399-6

1 2 3 4 5 6 – 08 07 06 05 04 03

Wie es war

1 *Samuel Beckett, 20. Mai 1965*
Kreide auf Papier, 29,5 x 40 cm

Nach fünfzehn Jahren freundschaftlichen Umgangs mit Beckett ging mir auf, daß ich mich bei all den denkwürdigen Gesprächen mit ihm auf mein Gedächtnis nicht mehr verlassen konnte. Was unvergeßlich hätte sein sollen, wurde allmählich unauffindbar. Notizen zu machen in seiner Gegenwart wäre taktlos gewesen – ich wagte es natürlich nicht, obgleich ich ebenso natürlich Lust dazu hatte. Von Anfang an, seit ich ihn 1959 kennenlernte, war mir klar – wie wohl jedem, der mit ihm zusammentraf –, »daß dieser eigenwillige, unbeirrbare, hochgebildete, leidenschaftliche und zutiefst wahrheitsliebende Mann mit der eindrucksvollen Physiognomie belebt war von einem Atem, den man früher »göttliche Eingebung« nannte. 1970 endlich begann ich mit der Aufzeichnung von Gesprächen, selbst dann noch nicht regelmäßig; doch von 1974 an notierte ich mir fortlaufend das Erinnerte, gewöhnlich unmittelbar nach Becketts Weggang aus unserem Haus oder nach der Rückkehr aus einem Restaurant.

Was all die Jahre, meist Nächte, im Fallstaff, einem Bar-Restaurant in der Rue du Montparnasse, oder Chez Françoise, der Closerie des Lilas oder den Îles Marquises und La Coupole ausläßt, wo Sam und Avigdor (noch nicht mein Ehemann) sich manchmal zu Lunch und Drinks trafen, in der Zeit, bevor ich dazukam. Nächte, wo wir zu viel getrunken hatten, und ich (als Amerikanerin eben erst den Milchshakes und üblichen Gläsern Chianti entwachsen) schon deshalb nichts mehr aufschreiben konnte; Abende, die sich manchmal bis vier Uhr morgens ausdehnten, bei Wein und Whisky wechselweise, mit einigen Bieren abgerundet, und zur Krönung dann Champagner.

Auf und ab ging's den Boulevard Montparnasse in einträchtiger Trinkfreudigkeit – Avigdor und Sam, Suzanne war nie dabei –, wobei Sam zu pathetisch, und zu spät, den mittorkelnden Genossen auf deutsch warnte: »Wein nach Bier, das rat ich dir: Bier nach Wein, das laß sein« – und so landeten sie endlich im *Dôme*, wo sie oft Giacometti trafen – oder ihm aus dem Weg gingen (weil der jedesmal auf dieselbe, gewiß außerordentliche Geschichte zurückkam, wie er im Kino Cinèac in Hinblick auf die Schwierigkeit des Sehens und Zeichnens erleuchtet wurde) –, ich war dann schon nah am Zusammenklappen.

Indessen blieb beider Gedächtnis für Geschichtsdaten oder Gedichtzeilen selbst bei Unmengen von Alkohol unbeeinträchtigt, und so waren sie in fortlaufende Gespräche verwickelt seit ihrem ersten Zusammentreffen im Jahr 1956 – Avigdor war damals siebenundzwanzig, Sam fünfzig Jahre alt –, obschon mit der Zeit die Sauftouren kürzer und gemäßigter und die verkaterten Vormittage seltener wurden.

Und trotz beider phänomenaler Erinnerungsfähigkeit verließen sie sich wechselweise aufeinander, um etwaige Gedächtnislücken zu füllen. Sam fragte zum Beispiel Avigdor öfters, wann eins seiner Stücke, Romane, Gedichte denn nun aufgeführt, veröffentlicht oder auch geschrieben worden sei, da A. soviel von Becketts Œuvre auswendig wußte. Sam seinerseits erinnerte sich an jede Ausstellung, jedes Bild von Avigdor. Sein visuelles Gedächtnis war erstaunlich; er konnte sich Gemälde der alten Meister ins Gedächtnis zurückrufen, die er auf Reisen in deutschen, französischen, italienischen, irischen und englischen Museen gesehen hatte, ihre Komposition und Farbigkeit, den Eindruck, den sie bei ihm hinterlassen hatten.

So gehörte er zu den seltenen kunstverständigen Autoren; er redete fachmännisch in der Ausdrucksweise des Insiders von alten oder modernen Gemälden, so daß sich der Abstand zwischen *pictura* und *poesis* verringerte: er sprach von »Raum«, »Form«, »Licht«, »Oberflächenspannung« usw., wobei er die Hand hob oder senkte, um anzudeuten, auf welche Stelle im Bild er verweisen wollte; auf ähnliche Weise sprach er auch von Musik. In den Museumskatalogen aus Dublin, London, Dijon, Kassel, München, Dresden, Berlin, Wien, Mailand und anderen Orten, die er A. schenkte, waren Anmerkungen verstreut, die ihn als aufmerksamen, passionierten Betrachter bezeugen; und auch in seinem Werk finden sich manchmal indirekte oder auch direkte Hinweise auf diese Gemälde, nach deren Vorbild er seine Figuren auf der Bühne anordnete. Die Inszenierung von *Nicht Ich* z. B. war von der Komposition des großen Caravaggio-Gemäldes *Die Enthauptung Johannes des Täufers* inspiriert –, Avigdor hatte darauf gedrungen, daß sich Beckett im Urlaub auf Malta dieses Bild in der Kathedrale von Valetta ansah. Die Idee, auf der Bühne lediglich einen Mund zu zeigen, ging dem Maltaaufenthalt voraus; aber dann beeindruckte Beckett tief die Dichotomie der Bildkomposition: die Gruppe um den enthaupteten Täufer links und die fasziniert, aber lethargisch herabstarrenden Gefangenen im schwarzen vergitterten Fenstergeviert rechts. Nach seiner Rückkehr aus Marokko beschrieb er uns eine Gestalt, die in El Jadida absolut regungslos dahockte und offenbar auf etwas oder auf jemanden horchte. Er beschloß dann, die Gruppierung auf der Bühne umzukehren: Unter dem Eindruck der Haltung dieser reglosen Araberin plazierte Beckett den hilflosen »Vernehmer« auf der linken, den »Mund« auf der rechten Bühnenseite.

Ein weiteres Beispiel ist die Positionierung von Mays Armen in *Tritte*, die in der Maria von Antonello da Messinas *Verkündigung** ihr Vorbild hat; oder Terborchs *Vier spanische Mönche***, mit dem schwarzen breitkrempigen Hut auf dem Tisch, wo man sich wie ein Eindringling vorkommt bei einer Zusammenkunft in einem holländischen Gemälde, und A. vermutete da die Anregung für die Szenerie des *Ohio Impromptu*.

Sam vertraute sich A. auch mit seinen Ideen für neue Arbeiten an, und viele Rohrpostkarten flitzten hin und her mit Fragen und Ant-

* in Münchens Alter Pinakothek ** aus der Nationalgalerie in Dublin

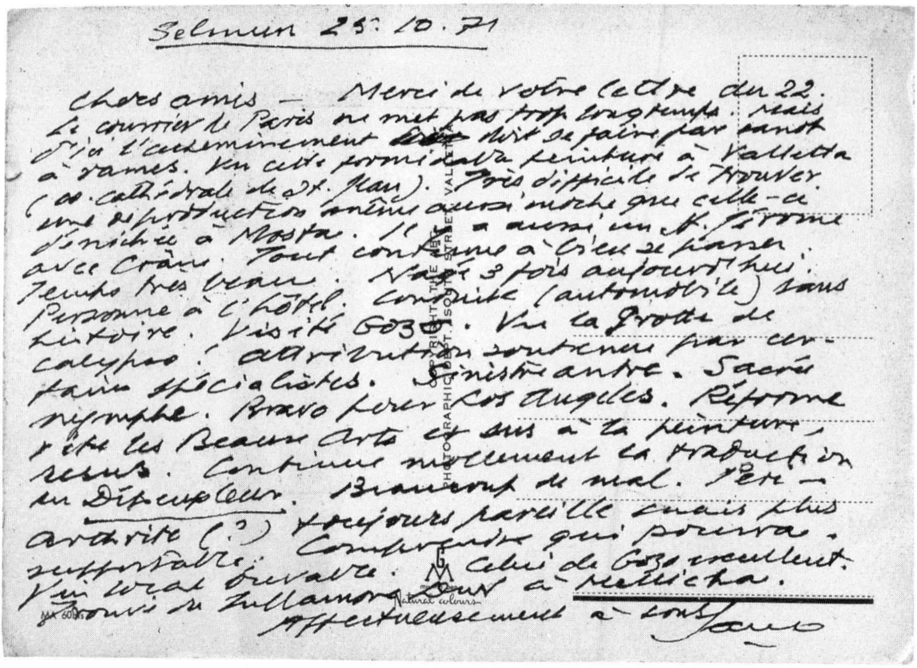

2

Selmun, 25.10.71

Chers amis – Merci de votre lettre du 22. Le courrier de Paris ne met pas trop longtemps. Mais d'ici l'acheminement doit se faire par canot à rames. Vu cette formidable peinture à Valletta (co. Cathédrale de St. Jean). Très difficile de trouver une reproduction même aussi moche que celle-ci dénichée à Mosta. Il y a aussi un St. Jérôme avec Crâne. Tout continue à bien se passer. Temps très beau. Nagé trois fois aujourd'hui. Personne à l'hôtel. Conduite (automobile) sans histoire. Visité Gozo. Vu la grotte de Calypso! Attribution soutenue par certains spécialistes. Sinistre antre. Sacrée nymphe. Bravo pour Los Angeles. Réforme vite les Beaux Arts et sus à la peinture, resus. Continue mollement la traduction du Dépeupleur. Beaucoup de mal. Peri-arthrite [?] toujours pareille mais plus supportable. Comprendre qui pourra. Vin local buvable. Celui de Gozo excellent. Trouvé du Tullamore Dew à Mellicha.

Affectueusement à vous, Sam

Selmun, 25.10.71

Liebe Freunde – Danke für Euren Brief vom 22. Die Post aus Paris braucht nicht allzu lange. Von hier aber muß sie per Ruderboot transportiert werden. Sah dieses wundervolle Gemälde [Caravaggio, *Die Enthauptung Johannes des Täufers*] in der St.-Johannes-Kathedrale von Valetta. Sehr schwer, eine Abbildung zu finden, selbst so eine gräßliche wie diese in Mosta ausgegrabene. Es gibt da auch einen *Hieronymus mit Totenkopf*. Alles geht weiterhin gut. Herrliches Wetter. Schwamm heute dreimal. Niemand im Hotel. Autofahren kein Problem. Besuchte Gozo. Sah Kalypsos Grotte! Zuschreibung von gewissen Spezialisten aufrechterhalten. Verruchte Höhle. Vermaledeite Nymphe. Bravo für Los Angeles [Arikhas für 1972 geplante Ausstellung im dortigen County Museum]. Reformiere schnell die Beaux-Arts und wirf dich aufs Malen, neu erweckt. Übersetze ohne große Begeisterung weiter am *Dépeupleur [Der Verwaiser]*. Mühsame Arbeit. Periarthritis immer noch dieselbe, aber erträglich. Verstehe das, wer kann. Landwein trinkbar. Der aus Gozo ausgezeichnet. Fand Tullamore Dew in Mellicha.

Herzlich, Sam

worten in wechselseitigem Austausch. (Vor dem Fax gab es die Rohrpost *[la pneumatique]*, ein Röhrensystem, das Postämter der verschiedenen *Arrondissements* verband und im Saugluftbetrieb postalische Sendungen binnen zwei Stunden vom Absender zum Adressaten beförderte.) Einmal, in den fünfziger Jahren, ließ Sam A. einen Text sehen, den er *La Poche* (Die Tasche) nannte, dann aber liegen ließ; diese Skizze über einen Mann und seine Tasche führte schließlich zu Winnies schwarzem Ledersack in *Glückliche Tage*. In jenen Jahren zeigte er A. auch einen kurzen Text mit dem provisorischen Titel *Balfe* (nach einem Mann dieses Namens aus seiner Kinderzeit); auch diesen Text ließ er liegen. Viele Jahre später, 1973, erinnerte sich A. an *Balfe* und fragte Sam, ob er den Text für einen Band mit seinen Graphiken, den ein Verlag herausbringen wollte, benutzen könne, und Beckett gab sein Placet – daraus wurde dann das Buch *Au loin un oiseau* (*In der Ferne ein Vogel*; vgl. *Um abermals zu enden*), das inzwischen vergriffen ist.
Im Sommer 1956 lud Sam A. in sein Landhaus nach Ussy ein und gab ihm etwas zu lesen, an dem er noch arbeitete und das schließlich als *Endspiel* herauskam. (Zu der Zeit waren Clovs Monologe noch nicht geschrieben.) Sam nannte es bloß *la petite pièce*. Ein paar Wochen später ließ Sam ihn wissen, daß er »*très touché*« (sehr angetan) sei, »*que la petite pièce vous accompagne ainsi*« (daß das kleine Stück Sie also begleitet). »*Le problème du titre me tracasse toujours. J'ai l'impression qu'il faut éviter le mot ›Fin‹*«. (Das Problem mit dem Titel beunruhigt mich noch immer. Ich habe den Eindruck, daß man das Wort »Ende« vermeiden müßte.)

Im selben Jahr schleppte Sam auch Cassirers klassische Kantausgabe an – eine solche Wucht, daß Sam als Treffpunkt diesmal nicht das Café, sondern A.s Wohnung vorschlug – »*vue le poids … d' Emmanuel*« (in Anbetracht von Immanuels Gewicht).

Sam brachte damit aber nicht nur den Kant ins Haus, was er allerdings nicht zu wissen schien. Vier Jahre später, 1960, brachte A. zu einem per Rohrpost verabredeten Rendezvous in der Closerie des Lilas ein Manuskript mit, das er in einen der elf Kant-Bände eingelegt gefunden hatte. Das Manuskript trug den Titel *Petit sot* (Närrchen).

Sam war damals nicht eben sehr interessiert an dem Fund – obwohl Kant vielleicht die Ironie gewürdigt hätte, einen »kleinen Narren« von seiner »Reinen Vernunft« beschützt zu wissen. Sam tat den Text als nicht sehr gut ab; es war sein erstes französisch geschriebenes Gedicht. A. tippte es später ab und gab Beckett einen Durchschlag. Das Originalmanuskript blieb in seinem Besitz.* Zwei Zeilen – *vont lentement lui enlever / lentement les blanches heures* (langsam die weißen Stunden gehn dahin) – sind außerdem ein Echo des Gedichts *Comme lentement passent les heures* (Wie langsam gehn die Stunden dahin) von Apollinaire, das Sam liebte und oft zitierte.

Auch mit der Geschichtensammlung *More Pricks than Kicks (Mehr Prügel als Flügel)* war Sam nicht recht zufrieden – er wollte sie nicht wiederaufgelegt sehen und schenkte A. die Druckfahnen; schließlich ließ er sich doch zu einer Neuauflage überreden. Als Richard Seaver von der Grove Press die Druckfahnen bei uns sah, klagte er noch, daß er sie von Sam nie zurückerhalten habe.

Trotz oder eher neben all diesem Austausch von Aussprachen und Anregungen gab es ganze Abende, an denen Sam kein einziges Wort sagte. Es war dann nicht leicht, das Schweigen zu brechen; es wäre schlimmer gewesen, als einen Beichtvorgang zu unterbrechen. Es kam dann nur zu Gemurmel, einem Sichzurechtsetzen,

* Das Gedicht handelte von Sams frühestem Schuldgefühl: Er hatte als Fünf- oder Sechsjähriger einen Igel zusammen mit einigen Würmern in eine Schuhschachtel gesteckt, um ihn vor der Kälte zu bewahren; eines Morgens fand er den Igel tot in der Schachtel. Diese Episode erzählte er uns mehrmals; sie ging ihm lebenslang nach, und im Gedicht *Petit sot*, das später erweitert wurde, fand sie einen Niederschlag.

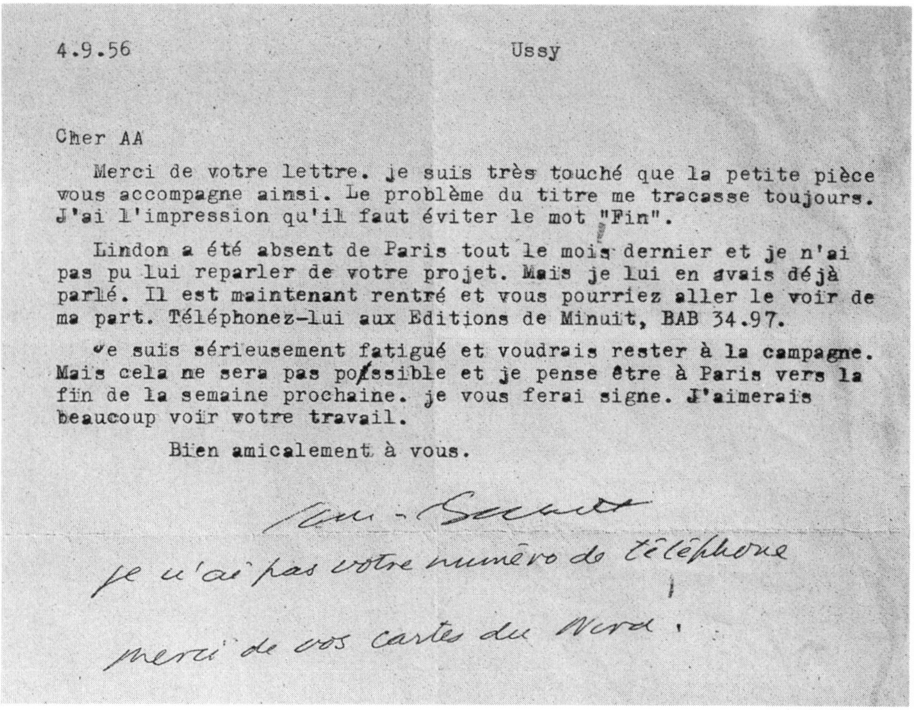
4.9.56 Ussy

Cher AA

Merci de votre lettre. je suis très touché que la petite pièce vous accompagne ainsi. Le problème du titre me tracasse toujours. J'ai l'impression qu'il faut éviter le mot "Fin".

Lindon a été absent de Paris tout le mois dernier et je n'ai pas pu lui reparler de votre projet. Mais je lui en avais déjà parlé. Il est maintenant rentré et vous pourriez aller le voir de ma part. Téléphonez-lui aux Editions de Minuit, BAB 34.97.

Je suis sérieusement fatigué et voudrais rester à la campagne. Mais cela ne sera pas possible et je pense être à Paris vers la fin de la semaine prochaine. je vous ferai signe. J'aimerais beaucoup voir votre travail.

Bien amicalement à vous.

Sam. Beckett

je n'ai pas votre numéro de téléphone

merci de vos cartes du Nord.

3

Ussy, 4.9.56

Lieber AA

Danke für Ihren Brief. Ich bin sehr davon angetan, daß das kleine Stück Sie also begleitet. Das Problem mit dem Titel beunruhigt mich noch immer. Ich habe den Eindruck, daß man das Wort »Ende« vermeiden müßte. Lindon [der Verleger] war den ganzen letzten Monat von Paris abwesend, und ich konnte nicht auf Ihr Projekt bei ihm zurückkommen. Habe aber schon mit ihm darüber gesprochen. Er ist jetzt zurück, und Sie können ihn in meinem Namen aufsuchen. Rufen Sie ihn an, Editions de Minuit, BAB 34.97.

Ich bin schrecklich müde und würde gern auf dem Land bleiben. Doch das wird nicht möglich sein. Ich werde mich bemerkbar machen. Ich würde gern Ihre Arbeiten sehn.

Freundschaftlich,

Sam Beckett

Ihre Telephonnummer habe ich nicht. Danke für Ihre Karten aus dem Norden!

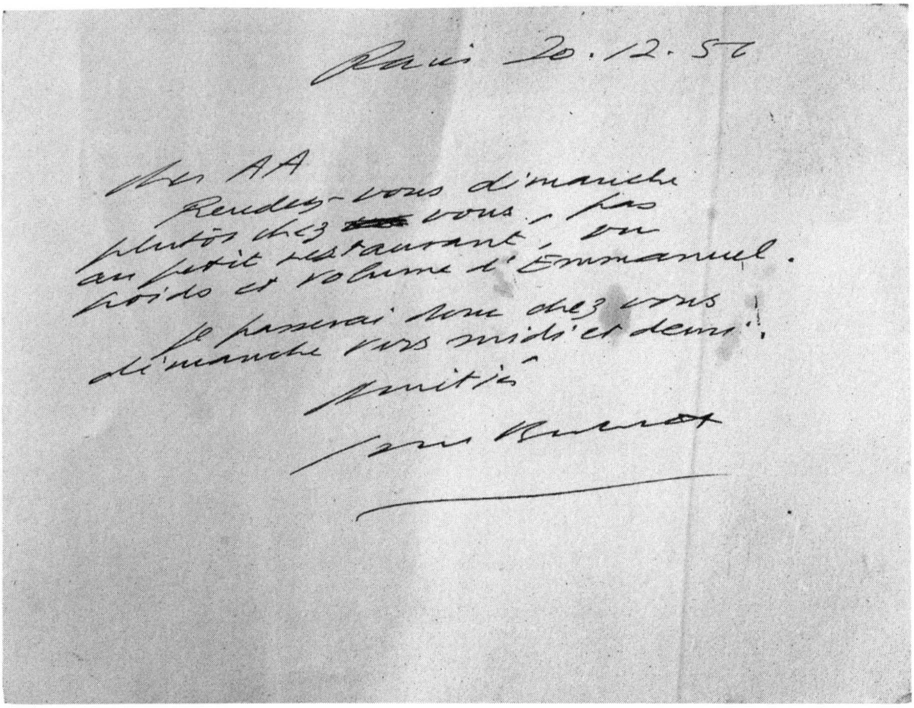
Paris 20.12.56

Cher AA
Rendez-vous dimanche plutôt chez vous, pas au petit restaurant, vu poids et volume d'Emmanuel.
Je passerai donc chez vous dimanche vers midi et demi.
Amitiés
Sam Beckett

4

Paris, 20.12.56

Cher AA

Rendez-vous dimanche plutôt chez vous; pas au petit restaurant, vu le poids et volume d'Emmanuel.

Je passerai donc chez vous dimanche vers midi et demi.

Amitiés,

Sam Beckett

Paris 20.12.56

Lieber AA

Treffen am Sonntag lieber bei Ihnen als in dem kleinen Restaurant in Anbetracht von Immanuels Gewicht [Kant].

Ich komme um zwölf Uhr dreißig bei Ihnen vorbei.

Freundschaftlich

Sam Beckett

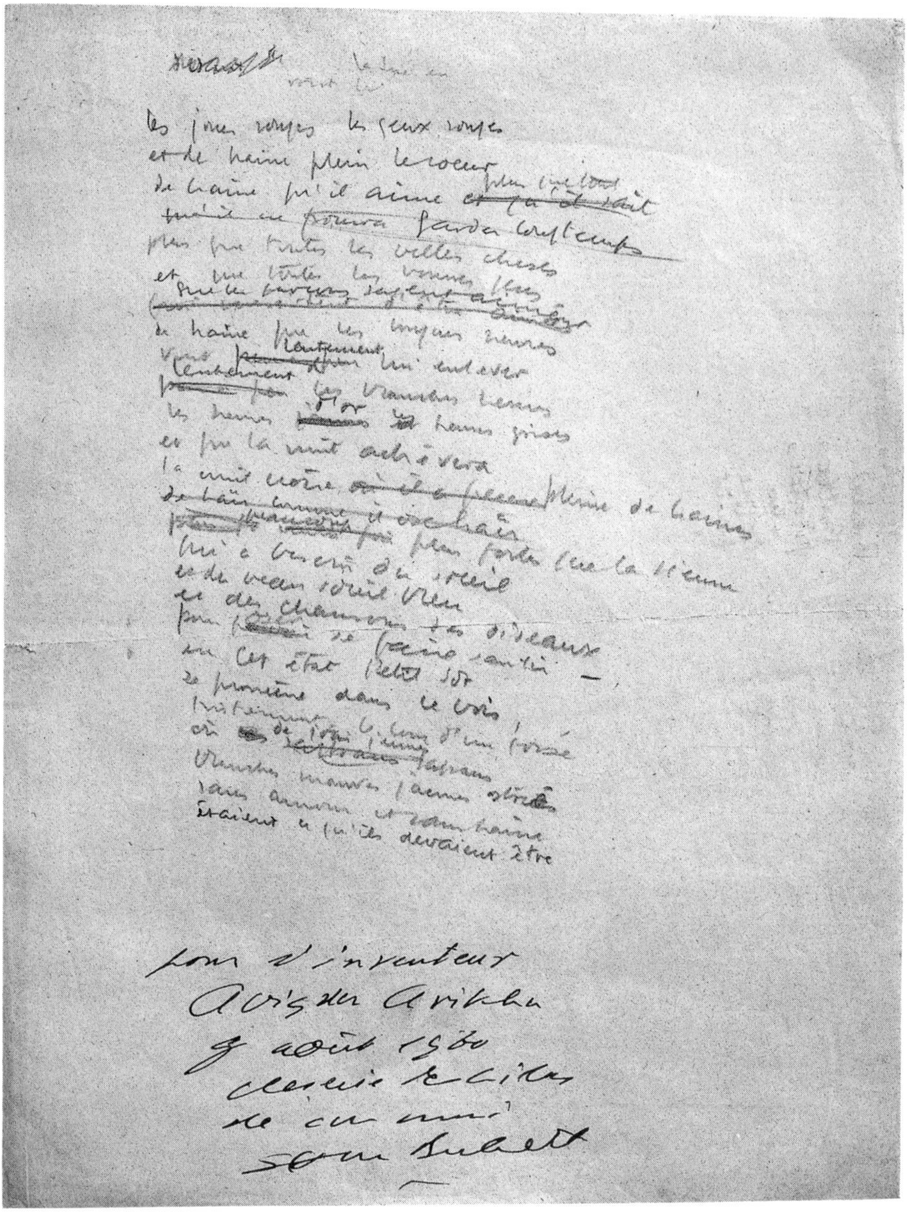

les joues rouges les yeux rouges
et de haine plein le coeur

pour l'inventeur
Avigdor Arikha
9 août 1960

de son ami
Sam Beckett

5 Manuskript *Petit sot*

zum Geräusper von irgend jemandes Stimme, um das zum Artefakt gewordene Schweigen zu brechen. Dabei war Sams Schweigen nicht feindselig, nicht gegen irgendwen gerichtet, sondern eher ein Versinken in seiner inneren Welt mit ihren Dämonen; so kam es uns zumindest vor, die wir dann das Unbehagen und die Hilflosigkeit, die uns überkamen, verbergen mußten. Seine engsten Freunde lernten jeder auf seine Art mit Sams innerem Widerstreit fertig zu werden –, A. plauderte über Weine, die er verkostet hatte, die Bühnenbildnerin Jocelyn Herbert holte ein Schachbrett hervor.*

Ich versuchte Sams Schweigen durch Erwähnung von Dr. Johnson aufzuhellen, und Con Leventhal, sein alter Freund aus Dublin, brachte die Klatschgeschichten aus dem Trinity College aufs Tapet – alles eben, was Freunde tun können, je normaler desto besser, um den Anflug dieser recht beängstigenden Frostigkeit zu vertreiben.

Gerade deshalb, weil niemand so wie Beckett das Gefühl geben konnte, daß er einem wirklich zuhört – und wer ist schon gewohnt, vollkommen angehört zu werden –, waren diese Momente frostigen Schweigens dazu angetan, einem die Verantwortung dafür, ja Schuld daran aufzuladen. Jahre später stieß ich auf einen Text, den ich Beckett gegenüber erwähnt hatte, der damals nur mit einem Kopfnicken Zustimmung oder auch Unbehagen andeutete: »R. Zeev von Strykow sagt: ›Wer stumm bleibt, wenn er nichts zu sagen hat, ist nicht schweigsam –, wer wirklich schweigsam ist, bleibt still, wenn er etwas zu sagen hat … Ich bleibe stumm, und wann immer ich dessen müde werde, lege ich eine stille Ruhepause ein und kehre dann zu meinem Stummsein zurück.‹«

* Sam war passionierter Schachspieler und spielte manchmal mit Jocelyns Mutter, einer gewieften Schachstrategin. In den dreißiger und vierziger Jahren spielte er auch unter anderem gegen Marcel Duchamp; mit einigen Partnern wie dem Journalisten Kobler in den sechziger Jahren spielte er Fernschach; die Schachmeisterschaften verfolgte er mit leidenschaftlichem Interesse und spielte die einzelnen Partien zu Hause nach.

6 *Samuel Beckett mit hochgeschobener Brille, 7. Januar 1967*
Federzeichnung, 27,8 x 20,7 cm

Wir lernten schließlich, es nicht persönlich zu nehmen. Doch jedesmal, wenn es ihn überkam, fühlte man sich wie in einem Tunnel mit einem lieben Menschen, dessen Gesicht man plötzlich nicht mehr sehen konnte. Oder der dich nicht sehen konnte.

Im Falstaff, der zu einer Art Club wurde, fanden sich immer wieder neue Leute ein: Als Con Leventhal, Sams ältester Freund und Trinkgenosse, in Paris Fuß faßte, war er mit seiner Gefährtin Marion Leigh oft dabei.
Auch Sams Neffe, der Flötist Edward Beckett, der 1961 aus Irland herüberkam, um Musik zu studieren, stieß dazu; und auch er wurde – als guter Ire – bald trinkfest trotz seiner Jugend. Wir sahen Edward oft während seiner Studienjahre am Konservatorium, wo er sich 1965 einen ersten Preis erspielte.
Manchmal frequentierten wir auch das Rosebud weiter oben in der Rue Delambre, wo unerklärlicherweise viele in Paris lebende Schriftsteller lieber als weiter unten an der Straße zusammenkamen. Für Sam und folglich auch für seine Freunde und Bewunderer blieb aber der Falstaff die bevorzugte Kneipe. Einige von ihnen tranken vielleicht so unmäßig viel, um ihre Verehrung zu maskieren, um ein geselliges Beisammensein vorzutäuschen, wo es sich doch eher um ein *Levée* handelte.
Unter den Gästen fand sich von Zeit zu Zeit Patrick Bowles ein, ein offenherziger und freundlicher Herr mit eigenen literarischen Ambitionen, der aber in Sams Gegenwart nicht viel sagte. Er hatte *Molloy* übersetzt (von Beckett allerdings später revidiert) und war als Nachtschwärmer zumindest in unserer Gegenwart weniger unbeherrscht als die anderen Falstaff-Vögel. Zu den Stammgästen gehörte auch Richard Seaver von der Grove Press, der *La fin* übersetzt hatte, und dessen Frau, die Musikerin Jeanette; beiden war Sam gleichermaßen zugetan.
Der schrulligsten einer war Patrick Waldberg. Wesentlich jünger als Sam, war er bei Beckett in den dreißiger Jahren durch Georges

Duthuit* eingeführt worden. Waldberg, ein kultivierter Amerikaner, der dennoch sehr pariserisch wirkte, gehörte außerdem zur Gruppe der Surrealisten (über die Sam kein gutes Wort verlor, ausgenommen einige ursprünglich damit verbundene Poeten wie Paul Éluard, René Crevel und den Gründer der Bewegung André Breton, von denen er Gedichte übersetzt hatte). Waldberg war ein Bonvivant, dabei sehr reizbar und empfindlich, oft auch sternhagelvoll, und, wie Beckett selbst, ein grandioser Billardspieler. A. und ich waren einmal dabei, als die beiden im Les Mousquetaires in der Avenue de Maine am Pooltisch agierten. Sam versuchte auch, anfangs nachdrücklich, dann nur noch der Form halber, A. für Billard zu interessieren, aber ohne Erfolg. Schon beim Tischtennis erhaschte er kaum die Bälle, und auch ich konnte zwar Tischtennis spielen, über den Billardstock aber hatte ich keine Gewalt. Patrick war ein Meister in beiden Disziplinen und konnte seine Verwunderung über unsere Ungeschicklichkeit, seine Verachtung geradezu, nicht verbergen. Im Les Mousquetaires stand Sam allerdings am häufigsten mit seinem Neffen Edward am Billardtisch.

Bei all dem blieb die Verständigung zwischen Sam und A. immer artikuliert, wenngleich gegen Morgen zuweilen etwas undeutlich, so nicht aber tagaus, tagein. Was ihre Freundschaft sofort besiegelte, war wohl nicht nur die gemeinsame Liebe zur deutschen Literatur, sondern ganz allgemein ihr beiderseitiger Wissensdurst, ihre passionierte Belesenheit und beargwöhnte Bildung – eine Versuchung, wie Cicero für Petrarca, und beide nahmen dafür wissentlich die gelegentliche Einbuße an naiver Unbefangenheit in Kauf.

Beiden blieb im Gedächtnis, worüber sie bei ihrer ersten Zusammenkunft, 1956, gesprochen hatten – über Beispiele einer Theaterpraxis, die A. in einem arabischen Dorf gesehen hatte. Dieses Tref-

* Matisses Schwiegersohn, Herausgeber der Zeitschrift *Transition*, mit dem Beckett in den *Drei Dialogen* über Malerei parlierte.

7 *Samuel Beckett mit Zigarre, 1970*

Radierung und Aquatinta 30 x 23,5 cm. Erster von zwei Probeabzügen des zweiten Drucks (Kupferplatte versehentlich zerstört)

fen fand in der Garderobe des Théâtre Hébertot statt, nach einer Aufführung des *Godot* in Roger Blins Regie. (A. hatte Blin 1950 kennengelernt, als ihn dieser zu einem Glas Bier einlud, ihm zutrank und, vielleicht weil er stotterte, stumm blieb –, und A. schloß sich an; es war wie ein Vorgeschmack mancher dann mit Beckett zugebrachter Schweigenächte.) Die Freundin, die A. an jenem ersten Abend bei Beckett einführte, schien ihm ständig durch Tritte gegen das Schienbein etwas andeuten zu wollen: A. hatte nämlich keine Ahnung, mit wem er da sprach. Erst als Beckett gegangen war, klärte sie ihn auf. Ohnehin war er mit ihm am 2. Juli 1956, drei Tage später, bei dem Lyriker Alain Bosquet eingeladen; allerdings wurden dort noch zehn andere Gäste, meist Schriftsteller, erwartet. Schon unter der Tür gewahrte Beckett unter den Anwesenden A., setzte sich zu ihm, und zusammen tranken sie fast eine halbe Flasche Whisky leer. Sam erzählte mir später genüßlich, wie sich der Abend gestaltete: Bosquet hatte – in unglaublicher Verkennung von Becketts Geschmack – die ganze Gesellschaft nach dem Essen in Richtung des Crazy Horse Saloon, eines exklusiven Stripteaseclubs, in Bewegung gesetzt; Sam und A. zogen mit und machten sich nach kurzer Inspektion des Clubinterieurs aus dem Staub, um bis acht Uhr morgens durch die Straßen zu wandern und zu reden. (Viel später schickte jemand A. anonym einen Katalog, in dem ein 1977 an einen Autographenhändler, G. Morssen, verkaufter Brief Becketts aufgeführt ist, worin sich Sam bei Bosquet bedankte für den Abend und die Vermittlung der Bekanntschaft mit »Arikha« *que j'ai trouvé fort sympathique* [der mir sehr sympathisch war]. Bosquet verkaufte diesen Brief, um mit dem Geld einen Brief von Arthur Rimbaud zu erstehen!)
Es war in diesen frühen Jahren ihrer Bekanntschaft, 1956/57, daß sowohl das Berliner Ensemble wie auch eine Nō-Theater-Inszenierung nach Paris kamen, und A. drang darauf, daß Beckett sich beides ansah. (Seine Stücke wurden mit gewissen Aspekten des japanischen Theaters verglichen.) Sam sträubte sich gegen die Nō-Zumu-

tung, und so führte ihm A. einige Szenen vor; zum Beispiel ruderte er durchs Wohnzimmer, wie er es von den japanischen Akteuren auf der Bühne gesehen hatte: ohne Vorwärtsbewegung, nur durch Packen und Eintauchen imaginärer Ruder, im Einklang mit dem Prinzip der Verknappung und Beschränkung durch sparsame Handbewegungen den Ablauf der Zeit bezeichnend – die Jahreszeiten, die Schlachten – auf leerer Bühne. Er beschrieb die Reduzierung der Farben auf Schwarz und Weiß. Beckett ging trotzdem nicht hin. Statt dessen sah er sich mit Suzanne, seiner Lebensgefährtin, Brechts *Galilei* an. Die Inszenierung beeindruckte ihn, besonders die Szene mit dem Spiegel, aber das Ganze fand er dann doch *trop riche* (zu üppig).

Einige Jahre nach meinem ersten Zusammentreffen mit Beckett beschloß A., allen Alkohol – außer Wein – zu meiden; er hatte ein paar braune Flecke auf seinen Händen entdeckt und nahm dies als Warnung, zumal er seiner Rechnung nach genug getrunken hatte, um einen kleinen Teich – oder gar See? – damit zu füllen. Sam aber war entsetzt. Wie würde A. die Abende durchstehn? (Einmal, gegen drei Uhr morgens im Falstaff, stellte jemand ein Glas Sekt zuviel vor Beckett hin, der es erst zurückzuweisen suchte, es dann aber gutmütig über seinem Kopf ausleerte.)

Auf die ungeheure Rolle, die der Alkohol im Leben dieser Leute spielte, war ich meiner Herkunft nach gänzlich unvorbereitet. Ich versuchte auch nicht, da mitzuhalten; Whisky mochte ich ohnehin nicht besonders und bestellte mir lieber den bitteren Fernet-Branca, was Sam ziemlich komisch fand. Er bestellte dann auch immer mit ernstem Nachdruck diesen Magenbitter für mich, bevor ich mich noch hinsetzte oder nach Mineralwasser zu verlangen wagte. Es war ja auch alles in Paris so anders, als ich es von New York her gewohnt war, so daß ich vieles einfach als gegeben hinnahm, als Teil meiner neuen Umwelt, wie die Seine. Also konnten mich Sams Trinkgewohnheiten nicht aus der Fassung bringen, so exzessiv sie

8 *Samuel Beckett mit Weinglas, 7. Oktober 1969*
Pinsel und Sumitinte auf Japanpapier, 26 x 33 cm

damals auch waren –, etwas später trank er weniger, nicht aber gegen Ende; seine Lauterkeit und Liebenswürdigkeit verwoben das alles miteinander: ein großer Dichter, von irischem Geblüt, der gern in sein Glas guckt, und damit basta. Und bei aller Trinkfreudigkeit erschien er doch nie betrunken.

Als A. 1963 mit dem Rauchen aufhörte, war Sams Beklommenheit noch ausgeprägter. *»But what will you do?«* (Was fängst du jetzt mit dir an?), fragte er bestürzt. Immerhin kriegte ihn A. dazu, von Zigaretten auf Cigarillos umzusteigen, und da wir ihn noch immer mit Whisky und Stumpen versorgten, wie andere Besucher auch, und da wir uns an seiner Freude freuten (und diese Genüsse erfreuten ihn wirklich bis ans Ende), so beruhigte er sich wieder. Das einzige Problem mit dem Whisky war die Marke: Scottish Malt oder Irish Whiskey, Jameson's oder Power's, oder gar Bushmill's aus dem Norden?

Der Kreis um Beckett erweiterte sich über die Jahre um kleinere nebengeordnete Zirkel. Dazu gehörte Barbara Bray*, wir sahen sie oft, nachdem Sam sie uns vorgestellt hatte; sie war immer hilfsbereit, und ihre englischen Sätze waren so elegant und kompakt wie ihre Handschrift. Später kam Jocelyn Herbert dazu, wann immer sie nach Paris kam oder wir in London waren. Sam schätzte Jocelyn ganz besonders, privat sowohl wie als Mitarbeiterin, rechtschaffen, vernünftig und tolerant, wie sie war und wofür sie noch immer von ihren Kollegen geschätzt wird. In ihrer Gesellschaft gab sich Sam immer sehr entspannt. 1973 wurde in ihrem Londoner Haus in kleinem Kreis die Aufführung von *Krapp's Last Tape* (mit Albert Finney) und *Not I* (mit Billie Whitelaw) gefeiert – Beckett hatte selbst Regie geführt; Mitglieder des Royal Court Theaters mit Freunden und Familienanhang, auch andere Schauspieler und Autoren waren dabei. Es war eine wundervolle Party, und Sam war in Sektlaune,

* die BBC-Lektorin in der Hörspielabteilung – sie hatte *Alle die da fallen* mit in Auftrag gegeben und war mit Beckett eng befreundet.

leutselig und lebhaft, wie stets nur unter Englisch sprechenden Freunden –, er spielte in Jocelyns Eßzimmer sogar Klavier, soweit ich mich erinnere, ein bekanntes Stück. Nach dem Schlußakkord ermunterte ihn Antonia Fraser, die als schöne Braut mit Harold Pinter gekommen war, lächelnd: »Ich muß es einfach sagen: Spiel's noch einmal, Sam!«

Besonders denkwürdig sind mir aber die Abende, die wir miteinander zu dritt verbrachten.
Erst sechs Jahre nach ihrem ersten Zusammentreffen duzten sich Sam und Avigdor, und beide vergaßen nie, wie »es« passierte. Trotz Sams erkennbarer Sympathie hätte A. es nie zuerst vorgeschlagen – es ist ja eine ernste Sache, die erprobtes und bewährtes Vertrauen voraussetzt; viele Amerikaner freilich finden jedes Hindernis unmittelbarer Verbrüderung befremdend, wenn nicht gar abstoßend und undemokratisch. Als sie sich dann zum Duzen überwanden, war es für Sam auch leichter, sich mit mir zu duzen, wenn wir Französisch sprachen.
Als A. – dreiundzwanzig Jahre jünger als Beckett (und dreißig Jahre jünger als Suzanne) – im November 1960 verriet, daß wir heiraten wollten, erklärte Sam, dann würde er auch Suzanne heiraten. Dies klang fast boshaft, wie eine Herausforderung; indessen heirateten Sam und Suzanne sechs Wochen vor uns. Als er sich dazu entschlossen hatte, leitete er die Formalitäten sorgsam und diskret in die Wege.*
Obwohl uns Suzanne späterhin nie mehr begleitete, war sie doch bis einen Monat nach meiner Ankunft auf Sams und A.s Streifzügen oft mit von der Partie. Wenn die drei nicht ausgehen wollten, dinierten sie in der Beckettschen Wohnung, Rue des Favorites Nr. 6. Suzanne kochte, und A. fiel auf, daß sie sehr auf gesunde Ernäh-

* James Knowlson beschreibt die Vorgänge dazu ausführlich in seiner unentbehrlichen, autorisierten Biographie, Suhrkamp, 2001.

rung achtete: Sein erstes Mahl dort bestand aus Sardinen, Reis und Kopfsalat. (Später, als es ihnen besser ging, gab es auch geräucherten Lachs.) Sam und Suzanne kauften ihre Lebensmittel in einem nahe gelegenen Reformhaus in der Rue de l'Abbé Groult, lang bevor biodynamische Nahrung populär wurde, ich glaube schon seit der frühen Nachkriegszeit. Sie war die erste Person, die ich je Schwarzrettichsaft trinken sah. (Inzwischen weiß ich, daß viele verdauungsfördernde Mineralien, vor allem Schwefel, darin enthalten sind.) Einmal bereitete uns auch Sam ein Mittagessen in seiner neuen Wohnung am Boulevard Saint-Jacques – zu dem ich eine halbe Stunde zu spät eintraf, weil ich mich verirrt hatte – mit köstlichem Lachs, Salat, Wein. Bei dieser Gelegenheit sprach er über Fritz Mauthner, dessen Arbeiten zur Sprachphilosophie ihn interessierten. Der Freund, der mich bei A. eingeführt hatte, der Philosoph Gershon Weiler, hatte über Mauthner geschrieben (Beckett erkundigte sich oft nach ihm).*

Suzanne und A. gingen manchmal zusammen ins Theater, wenn Sam nicht mitgehen wollte, oder ins Konzert. An einem dieser Abende, kurz nach Beginn unserer Beziehung, als A. nach dem Konzert mit mir verabredet war, schaute er auf seine Uhr. Suzanne verstand, was gemeint war, und war womöglich leicht pikiert; jedenfalls lud sie ihn danach weniger oft ein. Sie war auch ernstlich verstimmt, als A. zum Einstand in die neue Wohnung am Boulevard Saint-Jacques drei dicke, individuell geschliffene kristallene Whiskygläser anbrachte. Solche vielleicht in Sams Elternhaus geschätzte Vitrinenästhetik war in Suzannes Welt verpönt, und bei all ihrer Großzügigkeit und kriegserprobten Zivilcourage mißbilligte sie jeden grellen Luxus. (Lieber versorgte sie sich auf dem Flohmarkt; Sam war stolz auf ihre Schnäppchen und trug in späteren Jahren oft die braune Baskenmütze, die sie dort erstanden hatte – sie paßte

* Wenn in der Folge die Sprache auf Mauthner kam, fragte Sam stets beiläufig, aber deutlich interessiert, nach Weilers Ergehen und ob ich noch von ihm hörte.

ihm nicht, weil seine Ohren darunter abstanden, aber er, der sonst, was Kleidung betrifft, eher penibel war, trug sie gern, besonders bei kaltem Wetter. Suzanne nähte auch viel für sich und andere, womit sie sich und Beckett sogar nach dem Krieg eine Zeitlang finanziell über Wasser hielt.) Ihre Lebensführung trug asketische Züge: »*Je suis une abbesse*« (Ich bin eine Äbtissin), pflegte sie zu sagen.

Vor seinen Freunden, vor allem den englischsprachigen, nahm sie sich, bei all der Nachtschwärmerei, wohl einfach in acht – sie wahrte kühle und schlichtweg feindselige Distanz zu fast allen. Ob sie wohl bei fließenderem Englisch ihrerseits die allnächtliche Verflüssigung, wenn man so sagen kann, hätte einschränken können? Gemeinsam sahen sie meist nur französischsprachige Freunde. Eine Ausnahme dieser Regel bildete Sams Neffe Edward, dem beide zugetan waren. Er sprach Englisch mit dem Onkel und Französisch mit ihr; dieses sein Schulfranzösisch erprobte er erst seit seiner Ankunft in Paris im August 1961. Sam sorgte sich rührend um ihn, den Sohn seines verstorbenen Bruders Frank, für den er sich verantwortlich fühlte, wie überhaupt für die Angehörigen seiner Familie. Schon vor seiner Ankunft sprach er oft davon, was alles zu unternehmen sei, um Edward einzugewöhnen. Zunächst vermittelte er den Kontakt mit dem Schauspieler Jean Martin und mit Martins Freund, dem Maler Manolo Fandos, die mit ihm Französisch sprechen und ihn abends ausführen sollten. Er brachte ihn aber auch mit dem Autor Robert Pinget, dem Bühnenbildner Matias, dem Komponisten Mihalovici und dessen Frau, der Pianistin Monique Haas, zusammen; dies waren Sams und Suzannes gemeinsame Freunde, mit denen sie oft zum Essen ausgingen. Suzanne – wie wir alle – hatte Edward ins Herz geschlossen und zählte ihn nicht zu den angelsächsischen Nachtschwärmern; sie verkehrte auch mit anderen Angehörigen von Sam auf freundschaftlichem Fuß.

Als ich Beckett kennenlernte, hatte ich eben erst Französisch zu lernen begonnen; wenn wir also Gedichte rezitierten – er meist auswendig –, waren das vor allem englische, besonders oft von Yeats. (Mit A. verfiel Sam gewohnheitsmäßig ins Französische.) Als mein Französisch besser wurde, deklamierten A. und Sam auch französische Poesie (vielfach Gedichte, die Beckett übersetzt hatte) und dann, einmal in Fahrt gekommen, deutsche, italienische, spanische und, auf A.s Anregung hin, portugiesische Lyrik – Sam lernte plötzlich Portugiesisch, um Pessoa, den A. ihm nahegebracht hatte, im Original lesen zu können. Deutsche Gedichte aber vor allem. Da A. auch schwedische Texte (von Erik Lindgren) und spanische (von Neruda hauptsächlich) kannte und beide noch andere spanische Poeten intonierten neben den italienischen (Sams Domäne), kamen mir die Liquid- und Labial-, Guttural- und Glottallaute, die in all diesen Zungen mich umschwirrten, wie die Zymbeln, Hörner und Baßgeigen eines Orchesters vor.

Und Musik war ja auch genau das, was uns am innigsten verband; die Poesie war Teil dieser Verbundenheit, die andere Hälfte des Herzens sozusagen. Unsere häuslichen Abende begannen immer mit Musik, vor dem Abendessen, und endeten mit Musik, dazwischen die Gedichte. Sam sagte uns oft, was er gern hören würde an dem betreffenden Abend, oder wir legten neue Platten auf, manchmal Klavierstücke, die er allein – oder vierhändig mit Suzanne – daheim geübt hatte.

Anfangs waren es Mozart und Beethoven, vor allem die Kammermusik, die wir uns anhörten (Sam schrieb ja ein Fernsehstück *Geister-Trio*, in dem ein paar Takte des Largos dieses Beethovenschen Klaviertrios wesentlicher Bestandteil sind); dann auch Chopin oder Webern, Bach dagegen selten. (»So weit bin ich noch nicht vorgedrungen«, erklärte er.) Besonders häufig hörten wir uns Haydns späte Streichquartette an – und dann unweigerlich Schubert. A. und auch mir war nur schwer verständlich, daß Beckett sich nicht für Bach erwärmte. Kam es davon, daß Bachs Strukturen und Lösungen aus einer fraglosen Gewißheit erwuchsen über die Welt? Über die Zeitlichkeit? Daß es Ewigkeit gab? Eine Glaubensgewißheit, zu der sich Beckett nie verstehen konnte, die sich aber als Firmament über Bachs Ära spannte – und gewiß über seine Seele? Später schien mir das auch seine Einstellung zur Erzählerin Jane Austen erklären zu können.

Ums Jahr 1964 besuchte uns Sam mit seinem Vetter, dem Dirigenten und Komponisten John Beckett, es kam zu einem hitzigen Disput über Gustav Mahlers Symphonien: John, A. und ich waren davon begeistert, Beckett nicht; er meinte, es sei »zuviel darin«; dasselbe störte ihn auch an Wagners Musik. Dies stimmte völlig mit seiner Auffassung vom Schreiben und Malen überein: er war für Verknappung; Kargheit war auch das ästhetisch Angemessene (deshalb wohl zog er Webern, dessen Musik wohl kaum als ausufernd bezeichnet werden kann, Alban Berg vor). Als wir ihn Jahre später noch einmal zu Mahler bekehren wollten, legten wir in A.s Atelier eine Platte mit Mahlers Vierter Symphonie auf – in Gegenwart von John Beckett, seiner ersten Frau Vera, Sam und unserer erst ein paar Monate alten Tochter Alba, die in ihrem Babysitz auf dem Tisch plaziert war. Die Symphonie dauerte siebenundfünfzig Minuten lang. Am Ende war deutlich, daß keiner von seiner Position abgerückt war.

Das neue Stereogerät, auf dem die Platte abgespielt wurde, war übrigens von Sam kurz zuvor vor unserer Haustür abgestellt worden; es war ihm nicht entgangen, daß das alte Grammophon, das A. jahrelang gedient hatte, allmählich wimmernd zu Bruch ging: Beckett als guter Patenonkel – auch andern gegenüber zeigte er sich von dieser Seite. Als er zum Beispiel in den siebziger Jahren erfuhr, daß »Top« (Elmar Tophoven, sein deutscher Übersetzer) infolge einer Kriegsverletzung an Atembeschwerden litt, ließ er ihm sofort einen Sauerstoffapparat zuschicken, wie er ihn selbst für seine Atemprobleme benutzte.

Wer auch immer mit Sam in Berührung kam, sei es auch nur für fünf Minuten, war unweigerlich von seiner Herzensgüte beeindruckt, deren er selbst sich gar nicht bewußt war; sie war ihm so natürlich wie Schlucken und Blinzeln.* Diese Disposition weckte in den Freunden Beschützerinstinkte, die manchmal als übertriebene Verehrungshaltung mißdeutet wurden. Die Anekdoten über seine guten Taten grenzen ans heiligmäßig Legendäre. Als Protestant konnte er zwar kaum heiliggesprochen werden, aber als *Zaddik*, als säkularer Heiliger (mit kleinen, wunderbar menschlichen Schwächen) wäre er nach hebräischer – und wohl auch anderer religiöser – Tradition gewiß erkannt worden. Seine nicht ganz geheure Wahrnehmung der Not anderer Leute zeigte sich manchmal auf unvorhersehbare Art, so wenn er zum Beispiel eines Tages A. einen Scheck zuschickte mit der Begleitnotiz, er habe geträumt, wir seien bankrott. Das waren wir gerade! (Bis A. ein paar Wochen später zurückzahlen konnte.)

Schon zu Beginn ihrer Freundschaft, in den fünfziger Jahren, erinnert sich A., verkündete Sam unerwartet – sie standen hinten in einem Bus der Linie 62 –: »*Si vous êtes fauché, dites-le moi, car j'en ai maintenant*« (Wenn ihr bankrott seid, sagt es mir ruhig, ich hab' jetzt einiges). Eigentlich hatte er damals gar nicht so viel, aber einige seiner Bücher hatten sich besser verkauft als erwartet. Zahllos sind die Beispiele seiner Großzügigkeit gegenüber allen möglichen Leuten: »*Are you all right for money?*« fragte er viele überraschend und wie nebenbei.** Für sich selbst war er recht bedürfnislos und tat unser Erstaunen über sein hartnäckiges Festhalten an der Deux-Chevaux-Blechkiste (zu der ihm der kanadische abstrakte Maler Jean-Paul Riopelle geraten hatte) mit einem Lachen ab.

Wenn er an das Werk eines Künstlerkollegen glaubte, setzte er sich in der Öffentlichkeit unermüdlich dafür ein. So zum Beispiel für die Schriftsteller Marguerite Duras und Robert Pinget, Maler wie Henri Hayden, die Brüder Bram und Geer van Velde und den irischen

* Man wird – als dichterisches Äquivalent – an Dickens' Samuel Pickwick und Joe Gargery erinnert, Beckett selbst kreierte in der stoischen Winnie so eine archetypische Figur.

** Wie Christopher Logue in *Prince Charming*, London 1999, S. 235.

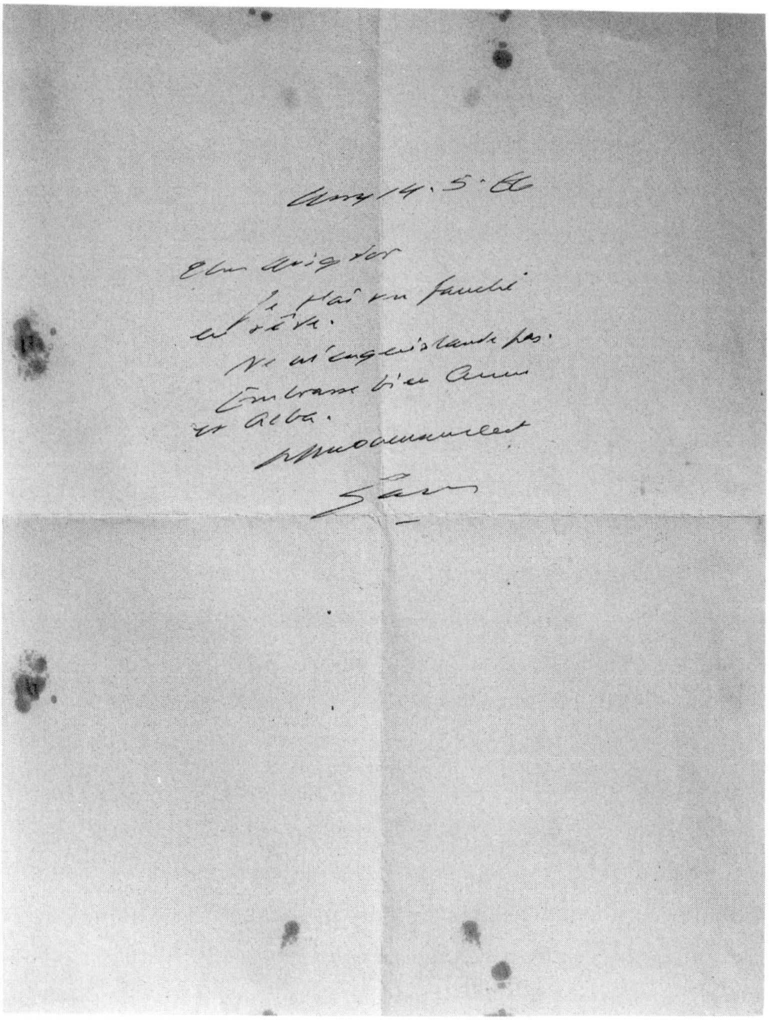
Ussy 14.5.66
Cher Avigdor
Je t'ai vu fauché en rêve.
Ne m'enguirlande pas.
Embrasse bien Anne et Alba.
Affectueusement
Sam

9

Ussy, 14.5.66

Cher Avigdor,

Je t'ai vu fauché en rêve:

Ne m'enguirlande pas.

Embrasse bien Anne et Alba.

Affectueusement,

Sam

Ussy, 14.5.66

Lieber Avigdor

Ich sah Euch bankrott im Traum.

Schimpf mich nicht aus.

Umarme Anne und Alba [für mich].

Herzlich,

Sam

Freund Jack Yeats, den Bruder des Dichters, dessen Werk er zuerst in Irland sah und lieben lernte. A.s Arbeiten förderte er schon in dessen abstrakter Frühphase – ein Riesenbild aus jener Zeit hatte er seinem Bett gegenüber aufgehängt. Er versuchte auch mit Bram van Veldes und Henri Haydens Hilfe deren Galeristen für A.s Werk zu interessieren; aber die waren befremdet und unwillig: die ›Chemie‹ stimmte nicht. Zum Glück interessierten sich bald danach andere Galeristen für A.s Bilder.

Doch dann wandte er sich von der abstrakten Malerei, mit der er in Frankreich bekannt geworden war, ab und malte gegenständlich, was 1965 angesichts der vorherrschenden Kunstrichtung als revolutionär galt; die folgenden Jahre erwiesen sich dann als schwierig. Beckett selbst fühlte sich zuerst von der neuen Richtung vor den Kopf gestoßen, ließ sich aber überzeugen und begeisterte sich sogar dafür: Das Bild mit den Schuhen brachte für ihn den Durchbruch, sagte er. Auch versuchte er wieder, einen Kunsthändler zu interessieren; diesmal war es Aimé Maeght, den er seit 1948 kannte und für den er in der Reihe *Derrière le miroir* Nummer 11 und 12 Katalognotizen für Ausstellungen der Brüder van Velde verfaßt hatte (Beckett war auch mit der Autorin Jacoba van Velde befreundet; sie hatte die gleichen strahlend blauen Augen wie ihre Malerbrüder). Sam schleppte eine riesige, schwere Mappe mit Zeichnungen zu Maeght, und A., der ihn danach in einem Café, Ecke Boulevard Saint-Germain und Rue du Bac, erwartete, sah ihn in einem plötzlichen Regenguß herbeirennen – pitschnaß, da er seine Jacke schützend um das Portefeuille drapiert und keine Hand frei hatte, um sich den Regen aus dem Gesicht zu wischen. *»Ça y est, je crois qui'l a été accroché«* (Gemacht, er hat angebissen, glaube ich). Von wegen angebissen! Maeght wollte von Beckett statt dessen ein Vorwort zu einem Saul-Steinberg-Katalog – über A. kein Wort! Sam hat ihm nicht geantwortet.

Ausnahmsweise hielt Beckett dann sogar ein Festessen durch; nach der Ausstellungseröffnung von A.s Zeichnungen in der Galerie

Claude Bernard im Januar 1967 – er hatte für den Katalog einen kleinen Text *Pour Avigdor Arikha* verfaßt. Wir konnten sehen, daß es ihm nicht leicht wurde, aber er war standhaft wie ein Soldat.

Besonders spannungsgeladen war der Atelierbesuch mit Pierre Cabanne, dem Kunstkritiker der Zeitung *Combat*, den Beckett gegen Ende 1965 für A. zu interessieren versuchte. Er hatte noch Robert Pinget und Georges Belmont, seinen alten Freund aus Ecole Normale- und Trinity-Zeiten, dazugeladen.

Die Geschäftigkeit im Atelier; die aneinanderstoßenden, umfallenden, wieder aufgestellten Bilder, die gezwungene Konversation; Sam mit verkniffenem Gesicht, doch bemüht um Nonchalance; A. in Notwehr, um Selbstbeherrschung ringend und mangelndes Interesse voraussetzend, zeigte ein paar abstrakte Gemälde so rasch wechselnd, daß man nur einen flüchtigen Eindruck davon bekam. Dann brummte er, daß er jetzt nur noch gegenständlich »nach dem Leben« male, und zeigte ein paar Zeichnungen. Darauf sagte keiner was, nur höfliches Räuspern war zu hören; Sam blickte jetzt grimmig, versuchte aber immer noch lässig zu wirken; Cabanne blickte verständnislos drein und verabschiedete sich bald.

Fünf Jahre später rief sich Cabanne diese Szene in einer Besprechung der Ausstellungseröffnung von A.s Zeichnungen im Centre National d'Art Contemporain zurück. Er erwähnte zunächst die Verunsicherung, die ihm die Zeichnungen bereiteten, und wie der Atelierbesuch zum Schluß nur Verwirrung stiftete: »Erster Eindruck: Enttäuschung ... Vor fünf Jahren konnte ich nichts damit anfangen« – kam aber dann lobenswerterweise zu dem Schluß: »Aber ich lag falsch«: Arikha zeichne wie sonst keiner, et cetera. Ein schöner Tag fürs Feuilleton. Das besänftigte auch Beckett, der über das Ergebnis jenes Atelierbesuchs sehr verstimmt gewesen war, der mit seiner Wertschätzung jetzt aber recht bekam.*

* A. dagegen saß trübsinnig und haareraufend dabei, als ich ihm diese und andere lobende Kritiken vorlas; sein Gesicht wurde bleicher mit jedem Wort und war schließlich fast grün, so daß ich besorgt fragte, ob ihm nicht wohl sei – und er erwiderte: »Vielleicht ist meine Arbeit Scheiße.« Das klang sehr nach Beckett.

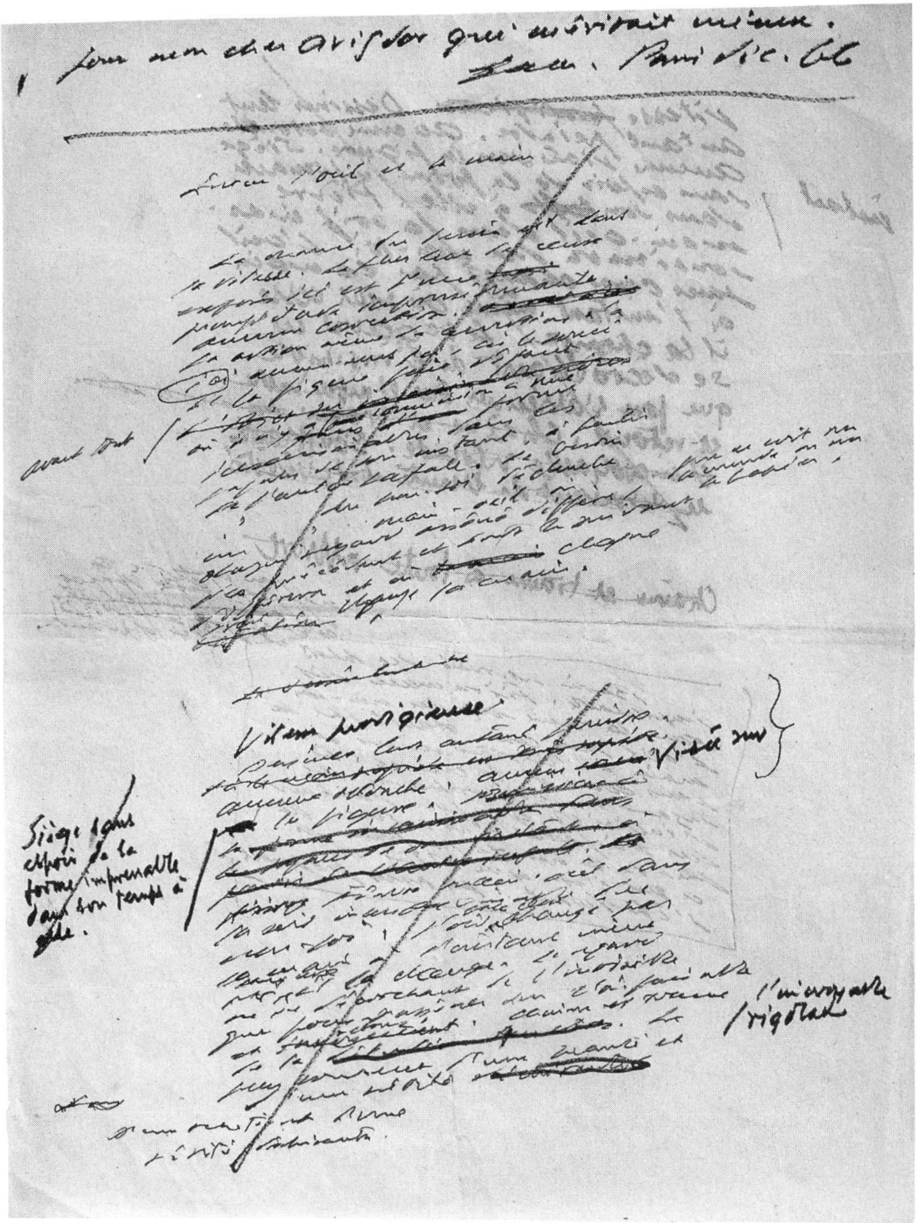

Pour mon cher Avigdor qui méritait mieux. Sam. Paris déc. 66

10

Pour mon cher Avigdor qui méritait mieux. Sam, Paris déc. 66

Für meinen lieben Avigdor, der Besseres verdient hätte. Sam, Paris Dez. 66
[Erste und zweite Fassung (französisch) des Textes »Für Avigdor Arikha«]

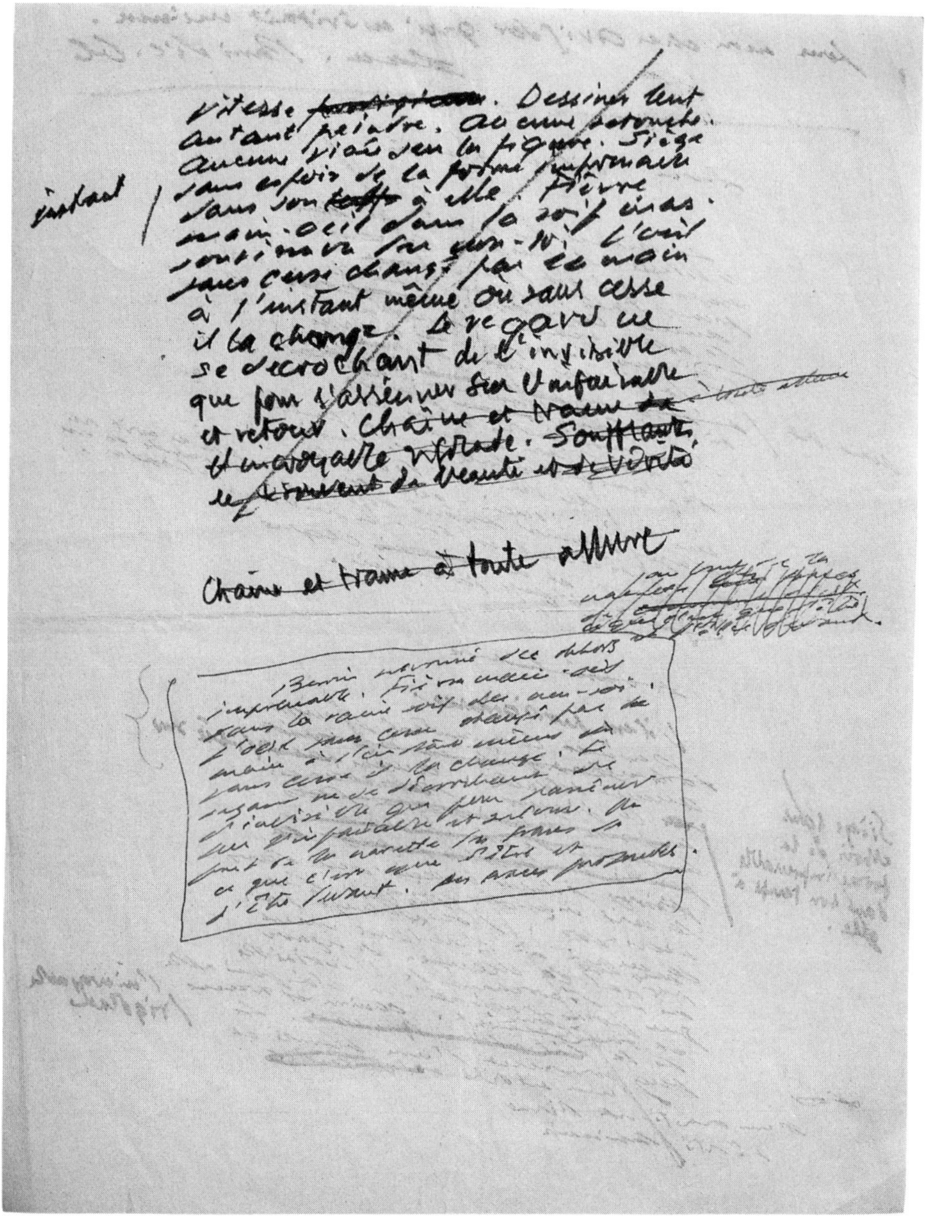

11 Dritte und vierte Fassung (französisch) des Textes für A. A.

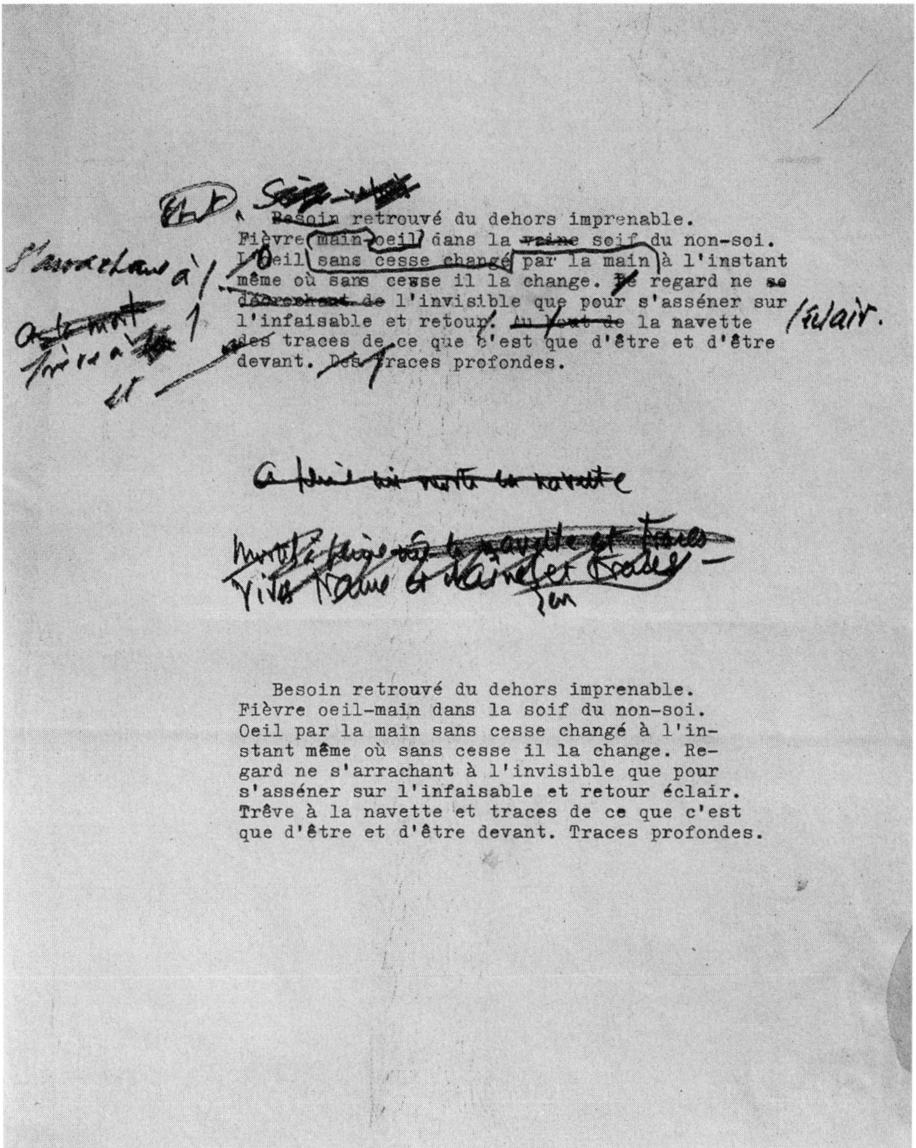

~~Besoin~~ retrouvé du dehors imprenable.
Fièvre main-oeil dans la ~~vaine~~ soif du non-soi.
L'oeil sans cesse changé par la main à l'instant
même où sans cesse il la change. Le regard ne se
~~déarrachant de~~ l'invisible que pour s'asséner sur
l'infaisable et retour. ~~Au bout de~~ la navette
des traces de ce que c'est que d'être et d'être
devant. Des traces profondes.

Besoin retrouvé du dehors imprenable.
Fièvre oeil-main dans la soif du non-soi.
Oeil par la main sans cesse changé à l'instant même où sans cesse il la change. Regard ne s'arrachant à l'invisible que pour s'asséner sur l'infaisable et retour éclair.
Trêve à la navette et traces de ce que c'est que d'être et d'être devant. Traces profondes.

12 Fünfte Fassung (französisch) des Textes für A. A.

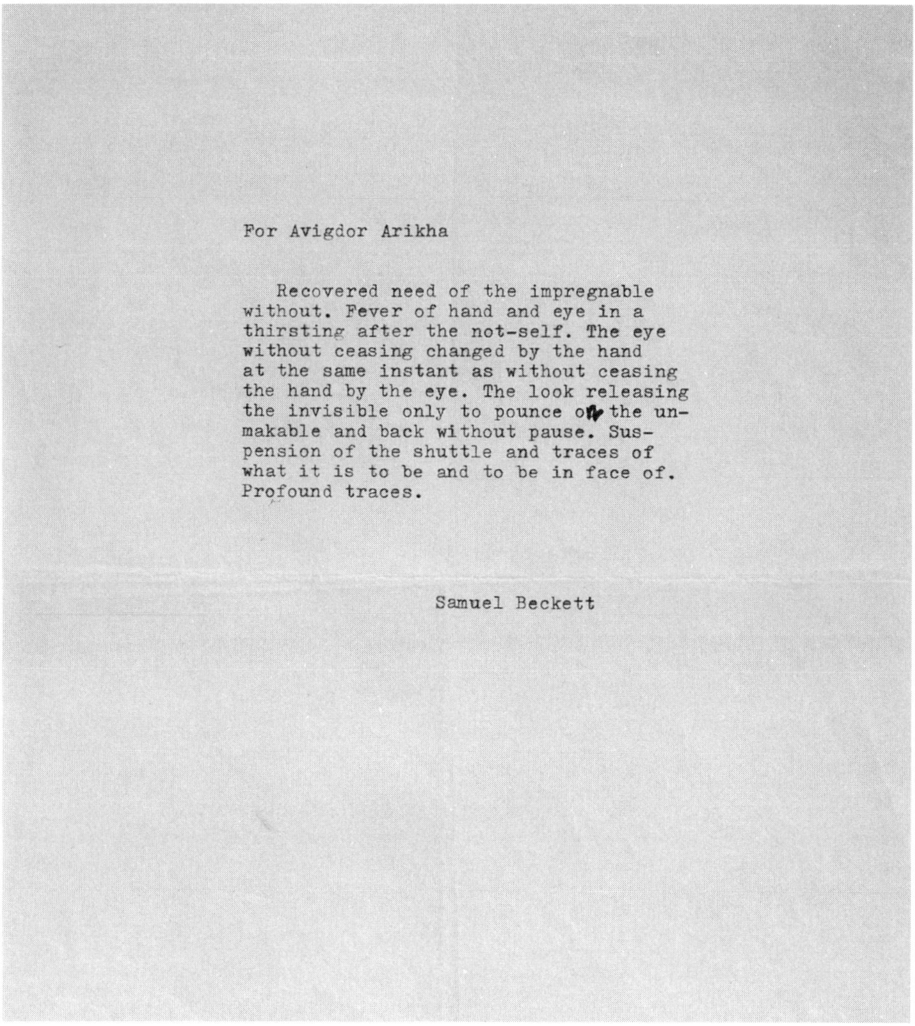
For Avigdor Arikha

Recovered need of the impregnable without. Fever of hand and eye in a thirsting after the not-self. The eye without ceasing changed by the hand at the same instant as without ceasing the hand by the eye. The look releasing the invisible only to pounce on the unmakable and back without pause. Suspension of the shuttle and traces of what it is to be and to be in face of. Profound traces.

Samuel Beckett

13 Endfassung des Textes für A. A.

Für Avigdor Arikha

Wieder auf dem Sprung gegenüber dem unbezwinglichen Außen. Auge und Hand fiebernd nach dem Nicht-Selbst. Durch die von ihm unablässig veränderte Hand unablässig verändertes Auge. Zum Nicht-zu-Sehenden und Nicht-zu-Schaffenden vor- und zurückstoßender Blick. Ruhe im Hin und Her und Spuren dessen, was es heißt, zu sein und gegenüber zu sein. Tiefe wunde Spuren.

Samuel Beckett

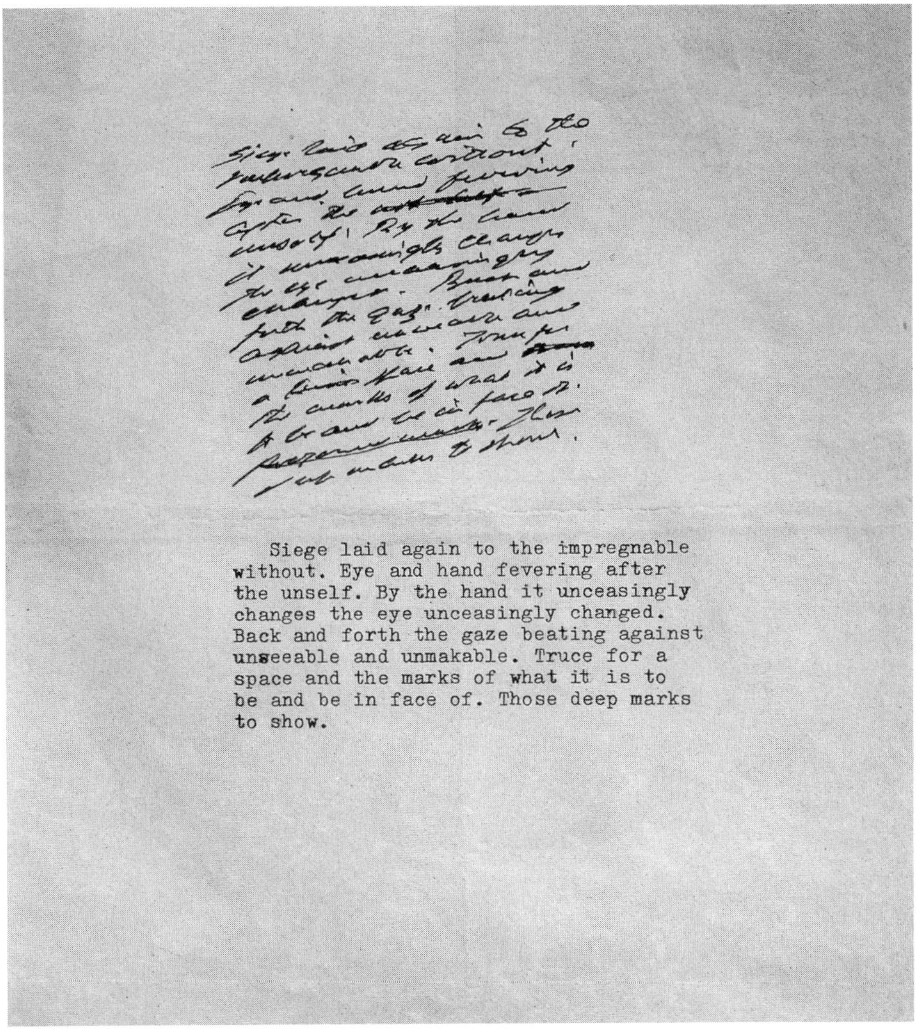

Siege laid again to the impregnable without. Eye and hand fevering after the unself. By the hand it unceasingly changes the eye unceasingly changed. Back and forth the gaze beating against unseeable and unmakable. Truce for a space and the marks of what it is to be and be in face of. Those deep marks to show.

14 Erste englische (End-)Fassung des Textes für A. A.

Belagerung wieder des uneinnehmbaren Äußeren. Auge und Hand fiebernd nach dem Unselbst. Durch die Hand wandelt sie unablässig das unablässig gewandelte Auge. Hin und her der betrachtende Blick, der gegen das Nicht-zu-Sehende und Nicht-zu-Machende schlägt. Stillstand für einen Flecken und die Markierungen dessen, was es ist, zu sein und sein im Angesicht von. Diese tiefen Markierungen zum Vorzeigen.

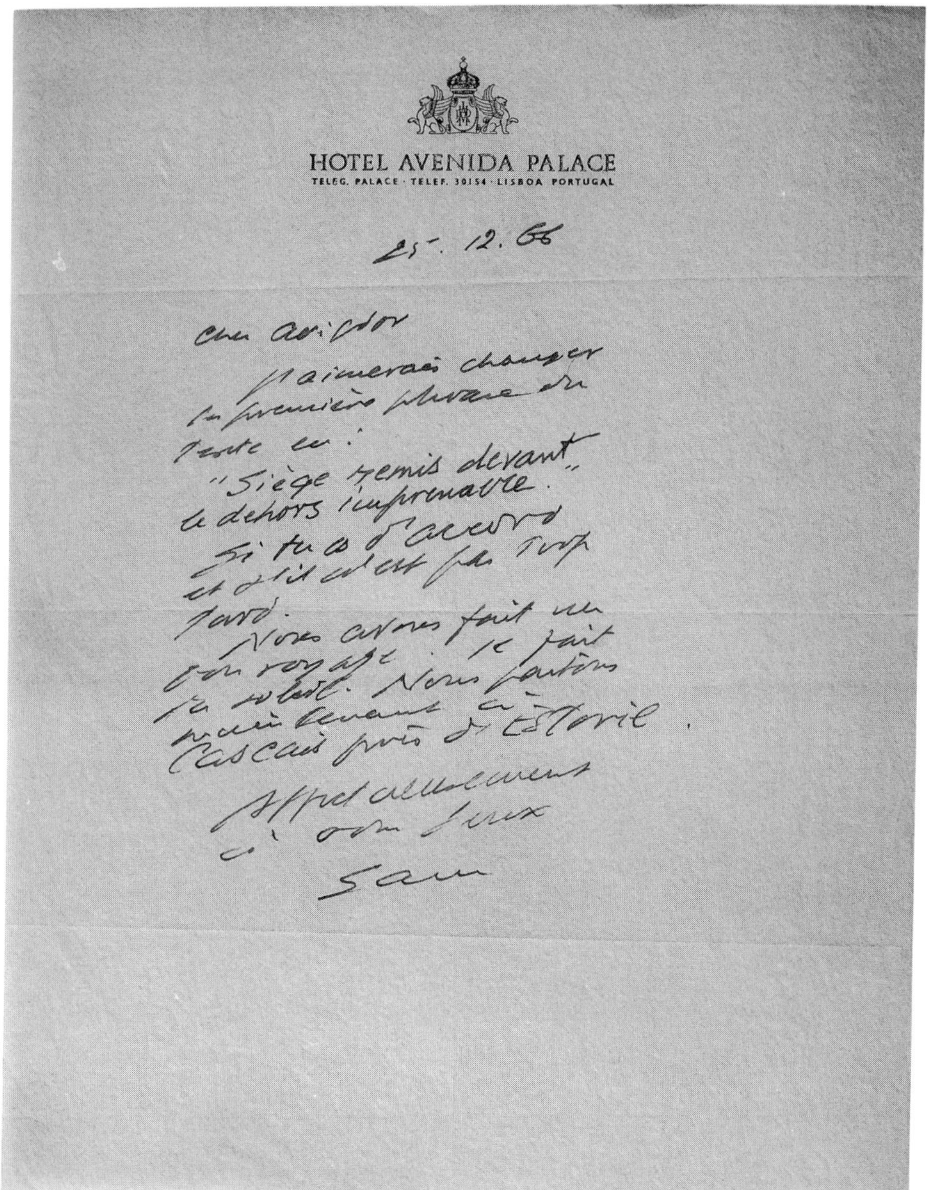
HOTEL AVENIDA PALACE
TELEG. PALACE · TELEF. 30154 · LISBOA PORTUGAL

25. 12. 66

Cher Avigdor

J'aimerais changer la première phrase du texte en:

"Siège remis devant le dehors imprenable".

Si tu es d'accord et s'il n'est pas trop tard.

Nous avons fait un bon voyage. Il fait du soleil. Nous partons demain à Cascais près d'Estoril.

Affectueusement à vous deux

Sam

15

Lisbon, 25.12.66

Cher Avigdor

J'aimerais changer la première phrase du texte en:

›Siège remis devant le dehors imprenable.‹

Si tu es d'accord et s'il n'est pas trop tard.

Nous avons fait un bon voyage. Il fait du soleil. Nous partons maintenant à Cascais près d'Estoril.

Affectueusement à vous deux

Sam

Lissabon, 25.12.66

Lieber Avigdor

Ich möchte gern den ersten Satz im Text wie folgt ändern:

»Siège remis devant le dehors imprenable.«

Wenn du nichts dagegen hast und es nicht zu spät ist.

Wir hatten eine gute Reise. 's ist sonnig. Wir brechen jetzt nach Cascais bei Estoril auf.

Wer Sam kannte, wußte auch, daß seine Großzügigkeit nicht als Kompensation für eine entbehrungsreiche Kindheit zu verstehen war; seine frühen Jahre waren im Gegenteil eine glückliche Zeit, ein Glücksfall. Dem Ansinnen, daß seine Art zu schreiben mit frühen Elendserfahrungen zusammenhängen müsse, begegnete er völlig verständnislos. Die Leute sollten doch nur, so meinte er, ans Fenster treten, die Zeitung lesen, da sei alles zu finden. A. erinnert sich, wie Beckett in einem Taxi, das bei Rotlicht stoppte, aus dem Fenster sah und plötzlich die Hände hob mit dem leisen, wie an sich selbst gerichteten Klageruf: *»La détresse, la détresse«* (die Qual ...).

Er hing sehr an seinem Vater und erzählte uns mehrfach nostalgisch, wie er zusammen mit ihm gewandert sei: »furze« und *»gorse«* (Stechginster) waren oft gebrauchte Worte, unauslöschlicher Bestandteil seiner Urlandschaft und seines Werks. Er berichtete uns aber auch, wie er als Junge schwimmen lernte: Sein Vater hieß ihn vom Felsen der Sandy-Cove-Bucht in die kalte See springen: »Spring, trau mir!« Und trotz seiner Angst sprang er, aber er vergaß nie die Angst und die Felsenhöhe und die Stimme des Vaters, der von unten mit ausgestreckten Händen sein »Spring!« hinaufrief. Man hörte ihm an, wie tief ihn diese Initiation geprägt hatte (und er wurde ja doch ein sehr guter Schwimmer!). Das Band zwischen ihm und dem Vater, wie überhaupt zur engeren Familie, war unzerreißbar.

Seine Freigebigkeit muß man also schlichtweg seiner elementaren Mitleidensfähigkeit zuschreiben. Aktiviert wurde sie durch sein feines Gehör: was ihm über die Verhältnisse eines sich oft unabsichtlich verratenden Mitmenschen zu Ohren kam, ließ ihn sofort hilfreich in die Tasche greifen. Wie bereits erwähnt: Beckett hörte gut zu, er nahm intensiv alles auf, was man ihm sagte, wie trivial es auch sein mochte; das brachte seine Gesprächspartner manchmal ganz aus der Fassung, wenn ihnen bewußt wurde, was sie da schwatzten. Einem Zeitungsbericht zufolge (wohl nach Becketts Tod) soll Sam in den siebziger Jahren auf dem Boule Miche von einem Studenten erkannt und angesprochen worden sein; im Lauf des Gesprächs ging Beckett offenbar auf, daß der junge Mann seine Hotelrechnung nicht bezahlen konnte. Prompt tauchte er in der Herberge auf und beglich anonym die Schuld in Abwesenheit des Zimmergasts. Niemand sonst konnte über diese Geldverlegenheit Bescheid wissen; die Zeitungsnotiz war dann wohl auch von demselben Studenten eingerückt.

Nicht immer jedoch waren die finanziellen Notsignale unbeabsichtigt: die Spendierfreudigkeit sprach sich herum, und dennoch versagte sich Beckett nicht. Es kam zu einigen beklagenswerten Ausnützereien durch Pseudobedürftige, was aber Beckett völlig egal war. »Man kann ja nie wissen«, murrte er, obgleich er laut Knowlson wohl wußte, daß manche Bittsteller nicht wirklich am Hungertuch nagten; Hilfe zu versagen war ihm »zu riskant«. Ein angehender Dichter, der sich dann als Zeichner gerierte, mietete sich in Sams Nachbarschaft ein, um ihn auf der Straße besser abpassen zu können; mit Trauermiene zeigte er ihm seine Zeichnungen und trug einige von Sams Kleidungsstücken und auch etwas Geld davon, wie uns Beckett selbst auf seine trockene Art wissen ließ. Er zeigte auch A. die Zeichnungen, über die A. sich aber ausschwieg. Viele andere versuchten mit allen möglichen Tricks, Becketts Arglosigkeit auszunützen. Sam selbst würde allerdings die Säuerlichkeit dieser Darstellung sehr mißbilligt haben. Ihm machte das alles nichts aus, ja er suchte nach Mitteln und Wegen, sein Geld loszuwerden, besonders nach der Verleihung des Nobelpreises. Seine Freunde, für die er ständig seine Taschen leeren wollte, mußten ihm glaubhaft versichern, daß sie bei Kasse seien und wirklich nichts brauchten.

Darin ähnelte er sehr einer lieben Freundin und Mäzenin von A., Alix de Rothschild, die falsche Armutsbeteuerungen wohl durchschaute, was ihr aber völlig schnuppe war. Lieber erlitt sie Einbußen, als sich groß aufzuregen; ihre – und auch Sams – Freunde vermieden schließlich in ihrer Gegenwart, Geld überhaupt zu erwähnen . Die beiden, die einander so ähnlich waren in ihrer *noblesse*

16 Sam, Anne und Alba auf der Vernissage von Avigdor Arikhas Ausstellung, Centre National d'Art Contemporain, Paris, 8. Dezember 1970 [Photo © André Morain]

de cœur, begegneten sich nur einmal: A. hatte sie, nach der Eröffnung seiner Ausstellung im CNAC, zusammen mit ein paar Freunden zu einem Imbiß in unser Haus eingeladen (Beckett nahm ausnahmsweise an, obgleich er sonst Parties mit fremden Gesichtern mied). Alix war groß, schlank und schön; Sam desgleichen; als ob sie allein wären, widmeten sie sich einander wie ein Paar – er stand, sie saß, und sie plauderten miteinander, als kennten sie sich schon jahrelang, mit jener lässigen Ungezwungenheit, die fast aristokratisch anmutete; freilich vom Hörensagen kannten sie einander tatsächlich schon seit 20 Jahren; so lange hatten wir ihr oder ihm vom anderen erzählt. Sie sahen sich nie wieder, fragten aber immer nach einander.

Kindern gegenüber zeigte sich Beckett, der ja selbst eine glückliche Kindheit hatte, zwanglos freundlich und verständnisvoll – nicht

17 Sam und Alba, Ussy-sur-Marne, August 1966

zuletzt bei unseren Töchtern. Alba war sein Patenkind (als Juden hatten wir allerdings mit der Kirche nichts zu tun, was Sam gewiß nicht störte); er schenkte ihr zur Geburt seinen eigenen Tauflöffel und ein paar Monate später ein Korallenhalsband, das beim Zahnen helfen sollte (offenbar hatte er bei Dr. Johnson oder einem seiner Zeitgenossen darüber gelesen). Wir nannten sie Alba nach dem Titel seines Gedichts, denn Samuela konnten wir sie nicht gut nennen. Er erstand einen supereleganten Kinderwagen für sie (ob allein oder mit sachverständiger Hilfe, wurde nicht verraten) und den riesigsten Teddybär in ganz Paris; so schien es zumindest, als wir ihn ins Kinderzimmer zu bugsieren versuchten (seinem eigenen Bär »Baby Jack« war er als Kind sehr zugetan gewesen). Aus Korsika brachte er ihr winzige Puppenstiefel mit, und zum ersten Geburtstag widmete er ihr die Erstausgabe von *How It Is (Wie es ist)*. Mit großem Interesse verfolgte er ihr Wachstum. Zum zweiten Geburtstag stiftete er das Manuskript von *Le dépeupleur (Der Verwaiser)**. Als Alba dreizehn wurde, gab ihr Sam das Manuskript *»il fut trouvé par terre«* (und im gleichen Jahr erhielt unsere jüngere Tochter Noga die Handschrift von *Un endroit l'attire*.) Wenn das Kind, wie so viele drei Monate alte Babies, nicht einschlafen wollte, rückten wir ihre Wiege neben das als Eßtisch aufgebockte Zeichenbrett. Einmal sang ich, ungeduldig, wie ich war, am Gespräch mit A. und Sam teilzunehmen, »Oh, schlaf bitte ein, schlaf bitte ein zu Ehren Frankreichs« – und Beckett stimmte ein, »und Navarras!«

Sam bezauberte Kinder geradezu. Er behandelte sie nie gönnerhaft oder herablassend, krittelte nie an ihnen herum und vermied das übliche Babykauderwelsch, er blieb völlig natürlich, redete über Cricketspiele, Schwimmen, Hausarbeiten, Lehrer auf die gleiche kameradschaftliche und einfühlsame Art, wie er sie gegenüber erwachsenen alten Freunden an den Tag legte. Wenn die Kinder spä-

* dessen Photokopie A. aus Israel dem Verleger schickte, als weder Lindon noch Beckett die Druckvorlage finden konnten

ter ihre Begegnungen mit Sam als etwas ungemütlich und furchteinflößend in Erinnerung hatten, lag das mehr an den Eltern, die des öfteren betuliche Unruhe im Zimmer verbreiteten, aus Angst, die Kinder stählen Becketts kostbare Zeit oder schwatzten banales Zeug daher.*

Es gab aber auch Zeiten, wo Beckett sich müde fühlte, deprimiert war oder unzufrieden mit seiner Arbeit. Er entschuldigte sich oft wegen seiner schlechten Laune, obgleich ihn niemand darauf ansprach.

MONOLOG

Dichten als »Beruf« war für Beckett eine abscheuliche Idee – eine Contradictio in adiecto. Natürlich sollte man Kunstfertigkeit, Sinn für Struktur, Rhythmus und Sprachpotential voraussetzen können, dennoch war Poesie Berufung, nicht Beruf, nicht etwas, was man sich jederzeit vornehmen kann. Beckett war mit Keats, dessen Werk er so gut kannte, einer Meinung, daß nämlich »Gedichte besser gar nicht kommen, wenn sie nicht so natürlich wie Blätter am Baum kommen«. Gewiß hatte er nichts dagegen, daß Dichter Geld verdienen – er selbst hatte eine Zeitlang unterrichtet (und fühlte sich elend dabei), hatte viel übersetzt, Essays und Kritiken geschrieben –, doch das Gedicht selbst durfte seiner Meinung nach nicht absichtsvoll oder gelehrt daherkommen, die Bücherborde sollten nicht die Ginsterhecken verstellen. Beckett war Poet mit Haut und Haar, und wo er auch ging und stand, war dichterische Atmosphäre allgegenwärtig wie Sauerstoff.

* Vor allem beim gemeinsamen Anhören von Musik wurde die Atmosphäre gespannt, zumal da Alba als Teenager außer für klassische Musik auch für Pop und Rock zu haben war, und die Scheu, die Beckett ihr und Noga *auch* einflößte, war durch die Vertrautheit des Hausfreunds nicht ganz zu überwinden.

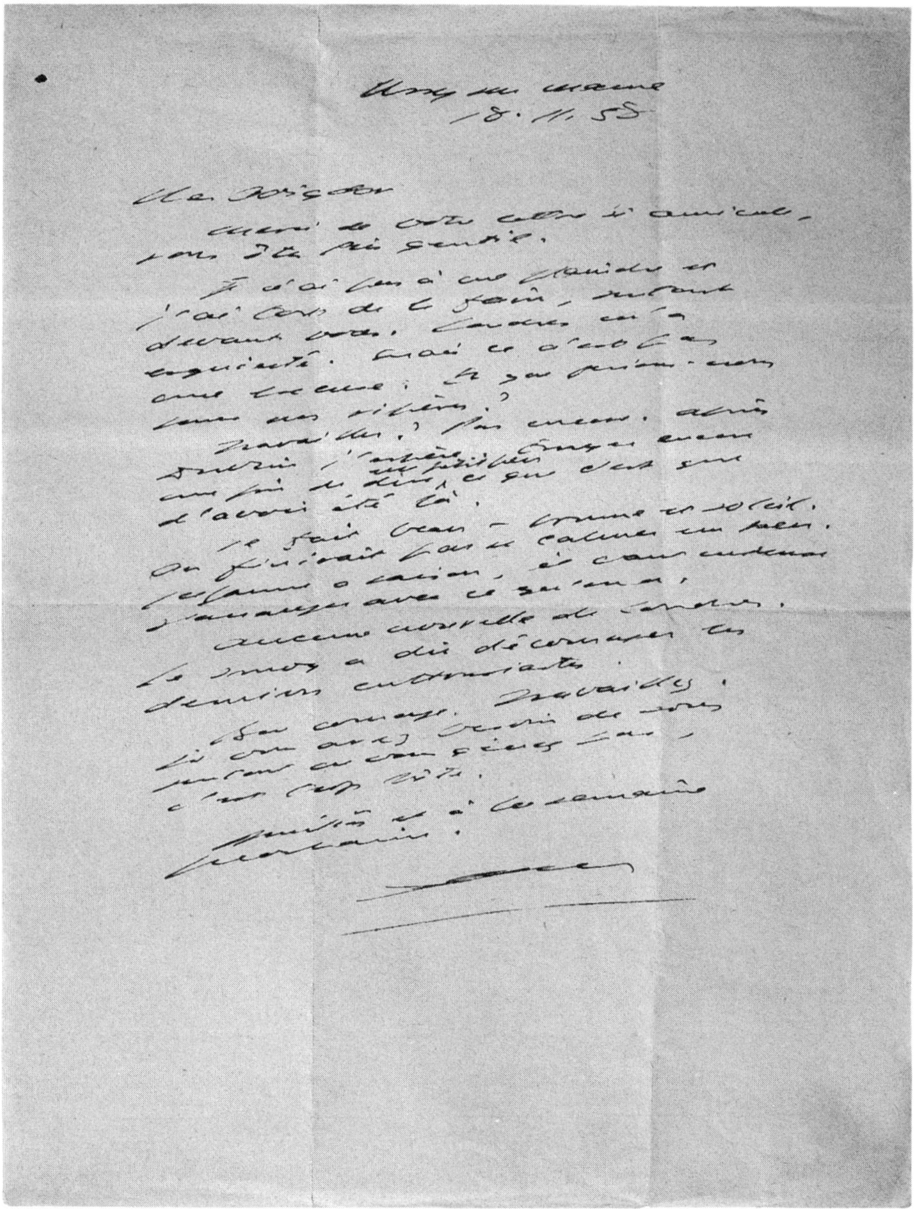
Ussy sur Marne
18.11.55

Cher [illegible]

Merci de votre lettre si amicale, vous êtes très gentil.

Je n'ai [illegible] et j'ai tort de le faire, surtout devant vous. Londres m'a inquiété. Mais ce n'est pas une excuse. Et que faisons-nous tous nos [illegible] ?

Travaillez ? Pas encore. Après demain [illegible] [illegible] encore une fois de dire [illegible] ce que c'est que d'avoir été là.

Il fait beau – comme ce soleil. On finirait par se calmer un peu. [illegible]

Aucune nouvelle de Londres.

[illegible] a dû décourager les derniers enthousiastes.

Travaillez !

Bon courage. [illegible]

Amitiés et à la semaine prochaine.

[illegible]

18

Ussy sur Marne, 18.11.58

Cher Avigdor,

Merci de votre lettre si amicale. Vous êtes très gentil.

Je n'ai pas à me plaindre et j'ai tort de le faire, surtout devant vous. Londres m'a esquinté. Ce n'est pas une excuse. Et que pourrions nous sans nos misères?

Travailler? Pas encore, après Dublin j'espère. Essayer encore une fois de dire ce que c'est que d'avoir été là.

Il fait beau – brume et soleil. On finirait par se calmer un peu. Suzanne a raison, il vaut mieux s'arranger avec ce qu'on a.

Aucune nouvelle de Londres. Le smog a dû décourager les derniers enthousiastes.

Bon courage. Travaillez. Si vous avez besoin de sous surtout ne vous gênez pas, c'est trop bête.

Amitiés et à la semaine prochaine.

Sam

Ussy sur Marne, 18.11.58

Lieber Avigdor,

Danke Dir für solch warmherzigen Brief. Sehr nett von Dir. Ich habe nichts zu klagen und sollte mich nicht beklagen, besonders nicht bei Dir. London hat mich ausgelaugt. Das ist keine Entschuldigung, und was würden wir tun ohne unsere Probleme?

Arbeiten? Noch nicht, nach Dublin, hoffe ich. Einmal mehr zu erzählen versuchen, was es ist, gewesen zu sein.

Wetter schön – Nebel und Sonne. Ich werde nach und nach zur Ruhe kommen. Suzanne hat recht, 's ist besser, sich mit dem abzufinden, was man hat.

Keine Neuigkeiten aus London. Der Smog muß die letzten noch übrigen Enthusiasten entmutigt haben.

Guten Mut. Arbeite. Falls Du pleite bist, genier Dich nicht, mir's zu sagen, das wär doch gelacht.

Wir sehen uns nächste Woche, wie immer Dein

Sam

Seine Art, Gedichte zu rezitieren, war französischer Deklamationsweise diametral entgegengesetzt; Sam sang oder summte beim Gedichtvortrag, so daß Apollinaires Refrain *»voie lactée«* aus dem *Chanson du mal aimé* wie Amselruf klang. Als ich im gleichen Gedicht andere Verszeilen las, korrigierte er mich, indem er dieselben Worte selbst sang oder summte.*

Damit verstieß er gegen seine eigene, immer so nachdrücklich durchgesetzte Mahnung an seine Schauspieler, die »Farbe« aus ihren Stimmen herauszuhalten, so flach wie möglich zu sprechen. »Zuviel Farbe, Billie, zu viel Farbe«, kritisierte er Billie Whitelaw, wobei er statt üblicher Schauspielerei die Satzstrukturen, den Wortrhythmus vermittelt haben wollte – die Macht des Gesagten oder Ungesagt-Belassenen sollte wie die Pausen in der Musik spürbar werden. Sogar die Silben der Personennamen standen in bestimmtem Verhältnis zueinander: 3:2 im *Godot* – Estragon/Pozzo, Vladimir/Lucky – und im *Endspiel* haben alle Personen einsilbige Namen, mit der unterlegten Bedeutung »Hammer« und »Nagel«: Hamm (Hammer) / Clov (französisch *clou* = Nagel), Nagg / Nell (englisch *nail* = Nagel). In diesem Stück steht auch der *Monolog* wie das Adagio zwischen zwei Sonatensätzen.

Am 20. Dezember 1956 hörte A. Beckett diesen Monolog rezitieren, und es war ihm ein unvergeßliches Erlebnis, eine der größten spirituellen und ästhetischen Erfahrungen seines Lebens, die zu beschreiben er nie müde wurde: ein plötzliches Erschauern mit beschleunigtem Pulsschlag, wie schon von Keats, Housman und Nabokov beschrieben. Im August jenen Jahres hatte A. Beckett in Ussy besucht, und Sam zeigte ihm dort eine noch titellose Fassung des späteren *Endspiels*. Im Dezember dann, als Beckett einen Koffer

* *Mon beau navire, ô ma mémoire / Avons-nous assez navigué / Dans une onde mauvaise à boire / Avons-nous assez divagué / De l'aube au triste soir*

Mein schönes Schiff, o mein Gedenken / Ist unsere Segeltour zu Ende / Im Wellenschlag so schwer zu lenken / Ist unsere Flegeltour zu Ende / Vom Morgen bis zum tristen Abend.

voller Bücher (die schon erwähnte elfbändige Kant-Ausgabe) zu A. ins Atelier in der Villa d'Alésia brachte, sprach er, sich niederlassend auf der grauen Riesencouch, von einer *»petite piéce«*, die er dem fast fertigen Stück eingefügt hatte: »Ich habe einen Monolog hinzugefügt.«

A. fragte, ob er ihn hören könne, falls Beckett ihn auswendig parat habe. Und Beckett begann zu deklamieren, was zweifellos einer der großen dramatischen Monologe des zwanzigsten Jahrhunderts ist: *»On m'a dit l'amitié, c'est ça l'amitié …«* (»Man sagte mir: Ja, das ist Freundschaft, doch, doch, ganz bestimmt, du brauchst nicht weiter zu suchen. Man sagte mir: Hier, bleib stehn, Kopf hoch, schau dir diese Herrlichkeit an. Diese Ordnung! Man sagte mir: Nur zu, du bist doch kein Tier, bedenke diese Dinge und du wirst schon sehen, wie klar alles wird. Wie einfach! Man sagte mir: Sieh doch, mit welcher Kunst sie gepflegt werden, all diese tödlich Verletzten.«) Und dann die plötzliche, schockierende kontrapunktische Umkehrung: *»Je me dis …«* (»Ich sage mir … manchmal, Clov, du mußt noch besser leiden lernen, wenn du willst, daß man es satt kriegt, dich zu strafen … eines Tages. Ich sage mir … manchmal, Clov, du mußt noch besser da sein, wenn du willst, daß man dich gehen läßt … eines Tages.«) Bei dieser Passage traten A. die Tränen in die Augen. Beckett kam später eines Abends wieder auf das Stück zu sprechen und verriet, daß er es *Fin de partie (Endspiel)* nennen wollte, was A. auf den Gedanken brachte, daß damit womöglich Mr. Endons unabgeschlossene Schachpartie aus *Murphy* weitergeführt werden solle; Sam sagte, daran habe er nicht gedacht, aber ja, es stimme schon. A. entwarf dann für die New Yorker Inszenierung von 1984 das Bühnenbild und die Kostüme – Regie führte damals Alvin Epstein, der auch den Hamm spielte; als Clov trat Peter Evans auf, als Nagg James Greene, und Alice Drummond als Nell; der Filmregisseur und Theaterdirektor Jack Garfein war der Produzent im von ihm begründeten Samuel Beckett Theater, bevor die Inszenierung ins New Yorker Cherry Lane Theater weiterwanderte. A. beschrieb

Beckett telephonisch die Szenerie, die streng geometrisch nach dem goldenen Schnitt gestaltet war, was Sam goutierte. (Er war sehr gut in Mathematik und berechnete oft penibel die Bühnenverhältnisse seiner Stücke und die Choreographie der Auftritte bis hin zur Abzählung der Schritte; ja sogar die Wahrscheinlichkeit oder Unwahrscheinlichkeit von Begegnungen im wirklichen Leben rechnete er aus.) Beckett, der in Paris geblieben war, fand, es klinge gut, was ihm A. aus New York berichtet – was mit Erleichterung aufgenommen wurde; denn A. hatte mit seinem Bühnenbild in Grau statt in Schwarz gegen finalen *Miserabilismus* optiert und die Spuren vergangenen Lebens andeuten wollen, wobei Naggs und Nells Gesichter pergamenten, Hamms und Clovs weiß gepudert aufschienen.*
Nach der Einweihung des Samuel Beckett Theater wurde in großer Gesellschaft gefeiert, und die beliebten Beckett-Anekdoten machten die Runde, auch eine, die der Grove-Press-Verleger Barney Rosset gern erzählte, wie Beckett nach den Film-Aufnahmen mit Buster Keaton (den, auf A.s Anregung hin, unter anderem die Augen des sumerischen Gottes Abu überwachten) frühmorgens vergeblich auf die Rossets wartete, die ihn zum Flugplatz bringen sollten, aber verschlafen hatten – Beckett hatte sie aus lauter Höflichkeit nicht geweckt, sondern war selbst zwischen seinen gepackten Koffern eingeschlafen**.

Becketts Rezitationsweise war für seine Schauspieler eine schwer zu befolgende Vorgabe. Dennoch waren sie am Ende alle von der Musikalität seiner Texte durchdrungen. Es ist auch nicht verwunderlich, daß viele Komponisten auf sein Werk ansprachen: Mihalovici, Dutilleux, Berio, Heinz Holliger, Philip Glass, Morton Feldman, John Beckett u. a.***

* Nachdem Beckett in Paris ein Modell gesehen hatte, durfte sich A. in seinem Konzept bestätigt fühlen.

** was alles in Knowlsons Biographie, S. 654-660, nachzulesen ist

*** Mary Brydens *Samuel Beckett and Music*, Oxford 1998, gibt darüber detailliert Auskunft.

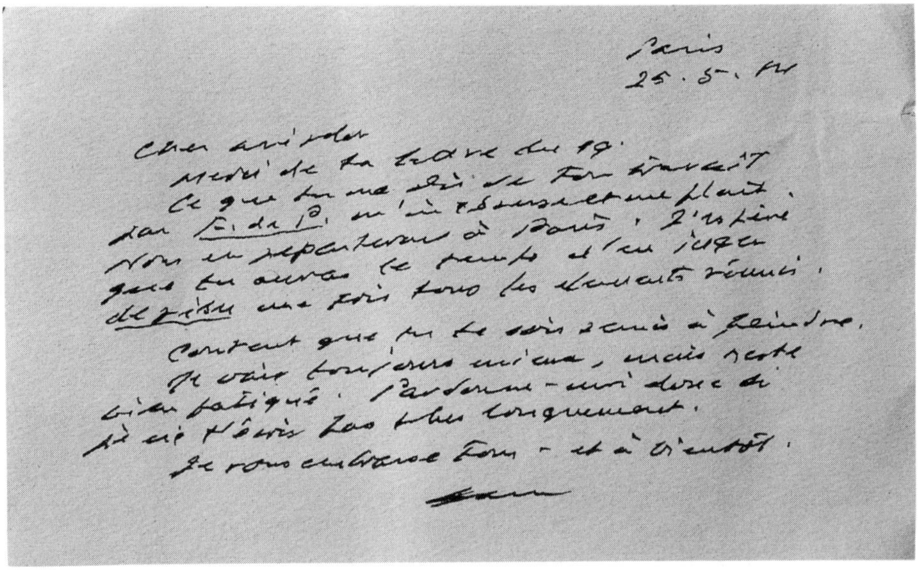
Paris
25.5.84

Cher Avigdor
Merci de ta lettre du 19.
Ce que tu me dis de ton travail
dans F. de P. m'intéresse et me plaît.
Nous en reparlerons à Paris. J'espère
que tu auras le temps d'en juger
de visu une fois tous les éléments réunis.
Content que tu te sois remis à peindre.
Je vais toujours mieux, mais reste
bien fatigué. Pardonne-moi donc de
ne pas t'écrire plus longuement.
Je vous embrasse tous – et à bientôt.
Sam

19

Paris, 25.5.84

Cher Avigdor

Merci de ta lettre du 19.

Ce que tu me dis de ton travail dans F. de P. m'intéresse et me plaît. Nous en reparlerons à Paris. J'espère que tu auras le temps d'en juger de visu une fois tous les éléments réunis.

Content que tu te sois remis à peindre. Je vais toujours mieux mais reste bien fatigué. Pardonne moi donc si je ne t'écris pas plus longuement.

Je vous embrasse tous – et à bientôt

Sam

Paris, 25.5.84

Lieber Avigdor

Dank für Deinen Brief vom 19.

Was Du mir zu Deiner Arbeit im F. de P. [*Endspiel*, Bühnenbild für die New Yorker Produktion im Samuel Beckett Theater, 1984] sagst, interessiert mich und gefällt mir. Wir reden mehr darüber in Paris. Ich hoffe, Du hast Zeit, Dein Urteil *de visu* abzugeben, wenn einmal alle Elemente kombiniert sind.

Freut mich, daß Du wieder zu malen begonnen hast. Ich fühle mich besser, bin aber noch immer recht müde. Verzeih mir deshalb, wenn ich Dir nicht ausführlicher schreibe.

Auf bald – umarme Euch alle

Sam

20 *Endspiel*
Samuel Beckett Theater, New York, 1984
Regie: Alvin Epstein
Bühnenbild und Kostüme: Avigdor Arikha
[Photo: © Martha Swope/TimePix]

21 *Endspiel*
Alice Drummond als Nell
James Greene als Nagg
Alvin Epstein als Hamm
Peter Evans als Clov
[Photo: © Martha Swope/TimePix]

mardi

Chers amis.

Terminé, je rentre
Vu ce matin projection
du "bout à bout". Pas
mal. Reste à fignoler
aux autres. Ça a été dur.
Je m'étonne un peu d'être
encore à peu près debout.
Littéralement rien fait d'autre
depuis l'arrivée. Vu personne
sauf les Reavey 1 fois. Horace
G. trop loin pour que je puisse
espérer le voir. Je lui téléphonerai
demain. Et à un tas d'autres
que je n'ai pas pu voir. Une
dernière séance avec Alan pour
arrêter la liste des choses à revoir.
Timing encore à préciser. Je
fais confiance à Sidney Meyers.
Type merveilleux, ex-altiste professionnel et grand amateur
de peinture. Visité au-
jourd'hui avec lui Modern Art Mus.
Formidable collection. Voilà.
Je vous appellerai cette semaine.

Affectueusement

Sam

22

mardi, 4.08.64

Chers amis,

Terminé, je rentre. Vu ce matin projection de ›bout à bout‹. Pas mal. Reste à fignoler aux autres. Ça a été dur. Je m'étonne un peu d'être encore à peu près debout. Littéralement rien fait d'autre depuis l'arrivée. Vu personne sauf les Reavey une fois. Horace G. trop loin pour que je puisse espérer le voir. Je lui téléphonerai demain, et un tas d'autres que je n'ai pas pu voir. Une dernière séance de Alan pur dresser la liste des choses à revoir. Timing encore à préciser. Je fais confiance à Sidney Meyers. Type merveilleux, ex-altiste professionnel et grand amateur de peinture. Visité aujourd'hui avec le Modern Art Mus. Formidable collection. Voilà! Je vous appellerai cette semaine.

Affectueusement

Sam

Dienstag, 4.8.64

Liebe Freunde,

Fertig, ich komme zurück. Heute morgen sah ich eine Aufnahme »von A bis Z«. Nicht schlecht. Überlasse anderen den letzten Schliff. Es war harte Arbeit. Ich wundere mich ein wenig, daß ich mich noch aufrecht halten kann. Habe buchstäblich nichts sonst gemacht seit meinem Hiersein. Niemanden besucht außer einmal die Reaveys. Horace G. zu weit weg für mich, um auf ein Treffen hoffen zu können. Ich werd' ihn morgen anrufen und eine Menge anderer, die ich nicht sehen konnte. Eine letzte Séance mit Alan, um die zu überprüfenden Dinge aufzulisten. Timing immer noch zu präzisieren. Ich vertraue ganz auf Sidney Meyers. Wundervoller Typ, professioneller Ex-Bratschist und großer Kunstliebhaber. Gingen heut zusammen ins Modern Art Mus. Grandiose Sammlung. Also! Ich werd' noch diese Woche anrufen.

Herzlich

Sam

Im Jahr 1957 schellte eines Tages Alberto Giacometti an A.s Tür (A. hatte kein Telephon): Strawinsky, den Giacometti gerade porträtierte, wolle Beckett kennenlernen. Doch A. hatte versprochen, Sams Telephonnummer nicht weiterzugeben; nachdem Beckett aber informiert war, trafen er und Suzanne noch am selben Abend mit Strawinsky zusammen. Später, 1962, verriet uns Sam, daß Strawinsky besonders von den Schweigemomenten im *Godot* beeindruckt gewesen sei.

Auch sonst fühlte sich Beckett zu Musikern hingezogen. Er kannte Monique Haas und Andor Foldes und später auch den Pianisten Eugène Istomin, den wir ihm vorstellten. Ein weiterer Freund war der Geiger Alexander (Sascha) Schneider vom Schneider-Streichquartett, den Suzanne, als Pianistin, schon in den dreißiger Jahren in Paris kennengelernt hatte und der angeblich in sie verliebt gewesen war (»Sie war eine wunderschöne Blondine«, schwärmte er uns vor.) Sie konzertierte zwar nicht, spielte aber noch oft mit Sam das vierhändige Repertoire.*

Billie Whitelaw, Becketts Lieblings-»Instrument« – denn so schrieb er für sie, und so reagierte sie – erzählt in ihrem Buch *Who He* eine Anekdote, die typisch ist für die präzisen Tempovorstellungen Becketts: Er ließ sie wissen, daß sie (hinter einem Wort) »statt drei Punkte jetzt zwei Punkte machen« solle. Billie wußte genau, was Beckett meinte. Er bestand auch auf einem »weißen« Stimmton. Eben die Neutralität, die Flachheit und »Weiße« der Stimme in Reibung mit den Worten sprühte Funken wie Feuerstein gegen Stahl.

Er rezitierte Verszeilen manchmal, als handle es sich um Tondichtungen, Debussy mit irischem Zungenschlag, oder eher liedhaft; das Kunstlied – Schumann, Brahms und besonders Schubert – war dann auch die musikalische Form, zu der er sich in späteren Jahren besonders hingezogen fühlte. Der Cembalist Orhan Memed half

* Später behinderte ihn die Dupuytrensche Kontraktur, die zu klauenhafter Verkrümmung des vierten und fünften Fingers führt.

mir, Becketts Vortrag des *Chanson du mal aimé* von Apollinaire, wie er mir noch im Ohr klingt, in Noten umzusetzen – ungefähr so hörte es sich an:

23

Voie lactée ô sœur lumineuse
Des blancs ruisseaux de Chanaan
Et des corps blancs des amoureuses
Nageurs morts suivrons-nous d'ahan
Ton cours vers d'autres nébuleuses

Milchstraße oh Schwester leuchtende
Der weißen Ströme von Kanaan
Und der weißen Körper der Liebenden
Tote Schwimmer folgen wir Keuchenden
Deiner Fahrt zu anderer Nebelbahn

Auch andere französische Lyriker hatte er parat; Vincent Voiture (1598-1648), den ich nicht kannte, brachte er mir nahe, indem er angesichts meiner Unwissenheit höflich einige Zeilen aufschrieb:

J'ai vécu sans nulle pensement
me laissant aller doucement
à la bonne foi naturelle

et je m'étonne fort pourquoi
la mort pense jamais à moi
qui ne pensait jamais à elle

Gedankenlos so lebt' ich hin
Ließ ruhig meine Tage ziehn
In gutem Glauben lax und sachte
Und frag mich nur warum der Tod
Nie an mich denkt in meiner Not
Der doch an sie nicht niemals dachte

Da gab es noch Rabelais und Ronsard, den er sehr gut kannte; Racine, von dem er viel gelernt hatte, vor allem wie man den Monolog zur Charakterzeichnung heranzieht; Flaubert natürlich, dessen Werk und Beispiel er leidenschaftlich pries; dann auch Verlaine, Chamforts Maximen, Rimbaud, Maurice Scève (dessen *Délie* er mir zu lesen gab), Gérard de Nerval. Er empfahl mir Louise Labé; und von Mallarmé sagte er, er habe sich und andern eine schwierige Aufgabe gestellt.*)
Von den Zeitgenossen schätzte er zum Beispiel Pierre-Jean Jouve (dem A. nach vielen Jahren in Sils-Maria wiederbegegnet war):»ein guter Lyriker, besonders vor seiner Bekehrung zum Katholizismus, zu schade, daß er widerrief«; er lobte auch seine Prosa, besonders seine *Histoires sanglantes;* er mochte Éluard (und hat ihn übersetzt) und den frühen Aragon, von dem er sagte, einige seiner Gedichte hätten wirklichen Schwung; auch Henri Michaux und Cocteau las er gern**. Er pries Marguerite Duras' *Le square*, im Unterschied zu ihrem späteren Werk, sowie Robbe-Grillets erste Bücher – *Les gom-*

* Ich erwähne hier nur die Namen, über die Sam mit A. und mir gesprochen hat. James Knowlson vervollständigt den Katalog in seiner Biographie.

** wobei ihn Cocteaus Verwendung des Telephons in *La voix humaine* besonders beeindruckt hat, vielleicht sogar unbewußt beeinflußt, als er in *Krapp's Last Tape* das Bandgerät einsetzte

mes und *La jalousie* – und besonders Robert Pinget, der wie so viele andere offenkundig, aber widerstrebend von Beckett beeinflußt war. Infolge dieses Aufbegehrens verließ er schließlich Paris und tat Beckett als »alt« ab – *»il est vieux«* –, um seine eigene Stimme zu finden, wie uns schien. Sam fühlte sich von diesem Abgang vor den Kopf gestoßen, da Pinget mit ihm und Suzanne in enger Verbindung gestanden hatte.

In späteren Jahren wurde Beckett zunehmend ungehalten über die »juvenilen« literarischen Anspielungen, mit denen sein Frühwerk so reichlich durchwachsen ist. Belesen war er ja sehr, aber die Zurschaustellung von Bildungsbehang war ihm mehr und mehr zuwider; doch wie ließ sich das Eindringen so intensiver und extensiver Lektüre ins Werk vermeiden? Leser, die sich für gewisse Autoren begeistern, vererben, fast wie Eltern, ihre Eigenart den Kindern, ihre Begeisterungen den künftigen Lesern (und passionierte Leser haben wohl immer auch in irgendeiner Form geschrieben). Beckett war ein unersättlicher Leser. Sein Frühwerk wimmelt von Wortspielen, zuweilen in Joycescher Assoziationsmanie und Bildungsbefrachtung, doch oft hochkomisch, manchmal auch trübsinnig und abstrakt – und zeitweilig, wie er schließlich selbst urteilte, überladen.

Man spürt auch, wie die Schwerkraft – in unterschiedlicher Bedeutung – sein Werk im Lauf der Zeit komprimiert: im Sinn der Erdenschwere, des Sogs der Gravitation, und im tragischen Sinn der Schwermut, der Gravitas, wie auch im Sinn des Gewichts der Worte – der Wortkargheit gegen Ende seines Lebens; von daher versteht sich auch seine Vorliebe für Kammermusik und die Liedform und seine Aversion gegen Orchestermusik als »too rich«. Er warnte übrigens auch andere Künstler vor der Gefahr der Bildungsschwemme, die den Echtheitsanspruch eines Werkes gefährden kann und der er selbst wehren mußte. Manchmal, im Gespräch mit A., schienen beide sich in einem Kriegsgebiet aufzuhalten, umgeben von Landminen.

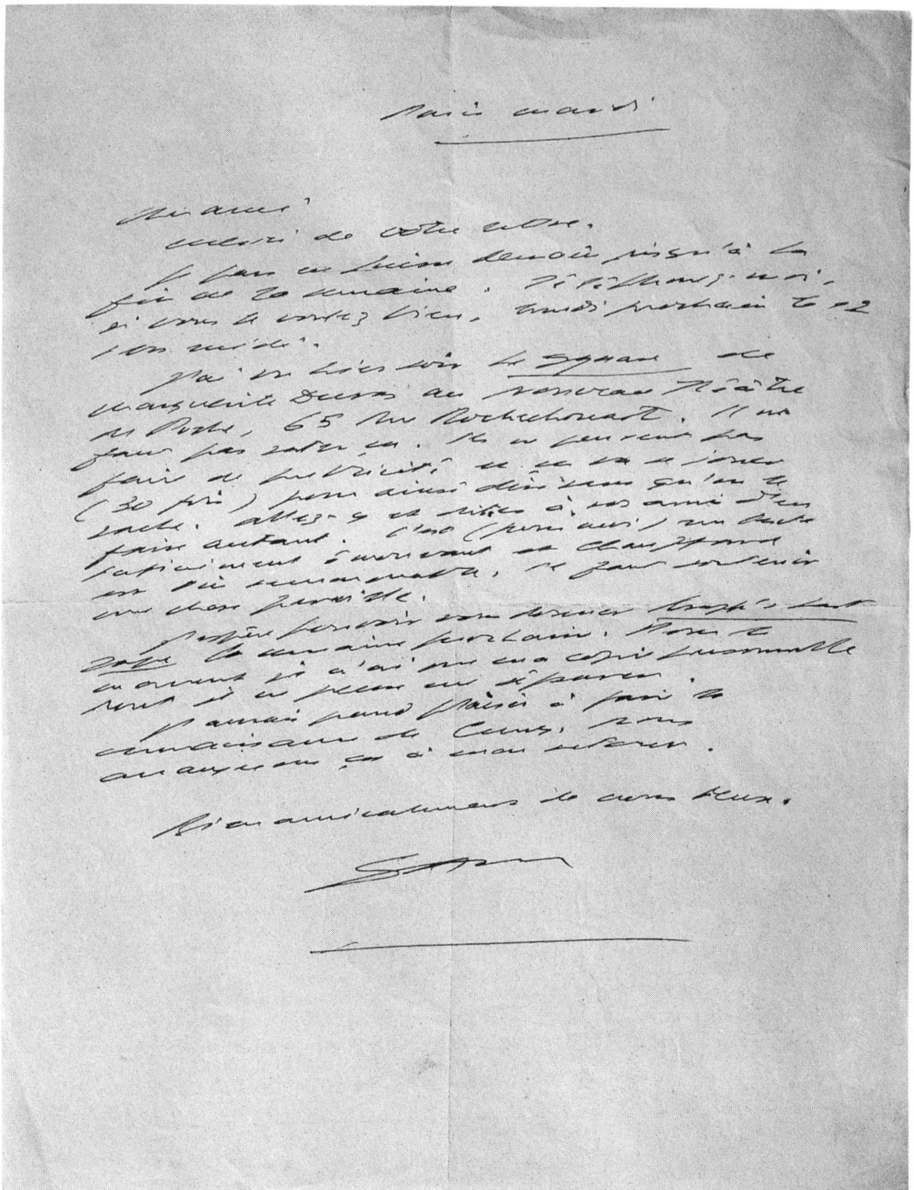
Paris mardi

Mon ami,
merci de votre lettre.
Je pars en [illegible] demain jusqu'à la fin de la semaine. Téléphonez-moi, si vous le voulez bien, lundi prochain [illegible] 12 [illegible].
J'ai vu hier soir Le Square de Marguerite Duras au Nouveau Théâtre de Poche, 65 rue Rochechouart. Il ne faut pas rater ça. Ils ne peuvent pas faire de publicité et ça va se jouer (30 fois) pour ainsi dire sans qu'on le sache. Allez-y et dites à vos amis d'en faire autant. C'est (pour moi) une [illegible] [illegible] [illegible] [illegible] [illegible], il faut soutenir [illegible] [illegible] [illegible] possible.
J'espère recevoir votre dernier [illegible] [illegible] la semaine prochaine. Pour le [illegible] [illegible] [illegible] [illegible] [illegible] [illegible] [illegible] [illegible] [illegible] [illegible] [illegible] [illegible].
J'aurai grand plaisir à faire la connaissance de [illegible], [illegible] [illegible] [illegible] [illegible] [illegible].

Bien amicalement [illegible] [illegible] [illegible].

[illegible]

24

Paris, mardi

Cher ami,

Merci de votre lettre.

Je pars en Suisse demain jusqu'à la fin de la semaine. Téléphonez moi, si vous le voulez bien, lundi prochain le 12 vers midi.

J'ai vu hier soir Le Square *de Marguerite Duras au Nouveau Théâtre de Poche, 65 rue Rochechouart. Il ne faut pas rater ça. Ils ne peuvent pas faire de publicité et ça va se jouer (trente fois) pour ainsi dire sans qu'on le sache. Allez'y et dites à vos amis d'en faire autant. C'est (pour moi) un texte infiniment émouvant et Chauffard est très remarquable. Il faut soutenir une chose pareille.*

J'espère vous donner Krapp's Last Tape *la semaine prochaine. Pour le moment je n'ai que ma copie personnelle dont je ne peux me séparer.*

J'aurais grand plaisir à faire la connaissance de Cuny. Nous arrangerons ça à mon retour.

Bien amicalement de nous deux

Sam

Paris, Dienstag [6. April 1958]

Lieber Freund,

Danke für Ihren Brief.

Ich reise morgen in die Schweiz ab bis Ende der Woche. Rufen Sie doch, wenn's Ihnen recht ist, nächsten Montag, den 12., gegen Mittag an.

Ich sah gestern abend *Le Square* von Marguerite Duras im Nouveau Théâtre de Poche, 65 Rue Rochechouart. Darf man nicht versäumen. Sie können keine Reklame dafür machen, und es läuft (dreißig Aufführungen) gleichsam, ohne daß jemand was davon weiß. Gehen Sie hin und animieren Sie Ihre Freunde dazu. Es ist (für mich) ein unendlich bewegender Text, und Chauffard ist wirklich außerordentlich. So etwas muß man unterstützen.

Ich hoffe, Ihnen nächste Woche *Krapp's Last Tape* geben zu können. Momentan habe ich nur mein eigenes Exemplar, von dem ich mich nicht trennen kann.

Ich würde mich sehr freuen, [Alain] Cuny [den Schauspieler] kennenzulernen. Wir arrangieren das nach meiner Rückkehr.

Mit freundlichen Grüßen von uns beiden

Sam

Einmal, als wir drei den Boulevard de Port Royal hinabwanderten und A. sich fast eine Stunde lang über die Theorien Vasaris, Albertis, Cesare Ripas, Baldinuccis, Lomazzos, Algarottis, Giustinianis und Genossen ausgelassen und mit Daten, Einflüssen, Namen von Freund und Feind und Bruder, Vetter und Biograph nur so um sich geworfen hatte, flüsterte ich Sam erschöpft zu: »Noch *ein* Italiener, und ich bin weg.« Beckett erwiderte grinsend: »Und ich komm' mit.«*

SHAKESPEARE

Wenn Beckett aus Shakespeares Sonetten und Stücken rezitierte, geschah das auf dieselbe musikalische Art wie bei anderer Dichtung. Kam er im Sonett LXXI – »*No longer mourn for me when I am dead*« – zu den Zeilen

Nay, if you read this line remember not
The hand that writ it, for I love you so …

Ja, liesest du dies Wort, vergiß die Hand,
Die's niederschrieb; denn so sehr lieb' ich dich …

pausierte er aufblickend und ließ so die Worte wie den Wasserstrahl in einem Brunnen steigen. Er verriet uns auch, als er das Sonett ein letztes Mal rezitierte, daß er um dieses Sonett ein Stück hatte schreiben wollen, aber bei näherer Überlegung den Plan hatte fallen lassen. Aus dem Sonett CXVI – (»*Let me not to the marriage of true minds*«) – zitierte er die Stelle

* Dennoch konnte er sich den Respekt vor gründlichem Wissen nicht immer versagen: Nach der Lektüre von A.s Essay im Ingres-Katalog entfuhr ihm (in einem verlorengegangenen Brief) ein »Chapeaux bas!« – Hut ab!

Or bends with the remover to remove.
O no! it is an ever-fixèd mark

Wenn sie Zerstreuung irrend kann zerstreun.
O nein! sie ist ein ewig sichres Ziel

und lachte grämlich dabei. »Fixèd«, intonierte er ironisch, wie ein Student, den die Ungeheuerlichkeit einer ewig gesicherten – fixèd – Liebe erheitert und der so ein Ding auch wirklich für eine Ungeheuerlichkeit hält; doch ginge man fehl, dies biographisch deuten zu wollen (die Art, wie er *»For I love you so«* rezitierte, würde das widerlegen). Schon 1932 bezog er sich aber auf dieses Sonett in den letzten Zeilen seines Gedichts *Sanies II*: *»suck is not suck that alters«* (Lutsch ist nicht Lutsch so er sich wandelt) – zynische Abwandlung von *»Love is not love / Which alters when it alteration finds«*.
Beckett – und ich, wenn ich den Mut dazu fand – memorierten Sonett LXV (*»Since brass, nor stone, nor earth, nor boundless sea«*), und er zitierte besonders gern Sonett XVIII (*»Shall I compare thee to a summer's day«*), und wenn ich über das »ow'st« stolperte, wiederholte er die Zeile: *»Nor lose possession of that fair thou ow'st.«* (Meine Ängstlichkeit rührte daher, daß ich über den Worten den starken Flügelschlag seiner Ausdeutung spürte, aber auch weil ich meinem Gedächtnis im Vergleich mit seinem mißtrauen mußte. Ich hatte mir allerdings einmal notiert, was De Quincey in den *Bekenntnissen eines Opiumessers* verkündet: »Es ist wohlbekannt, daß das Gedächtnis gestärkt wird durch die Belastungen, die man ihm zumutet, und wenn man sich darauf verläßt, wird es auch zuverlässig.« Mein Gedächtnis allerdings war trotz der auferlegten Belastungen verläßlich wie ein Taschendieb.) Beckett rezitierte auch viel aus *Macbeth*, wobei er anmerkte, daß die atmosphärische Dichte durch den Einsatz der Konsonanten erreicht wird; dazu intonierte er unter anderen die ganze Passage: *»Tomorrow and tomorrow and tomorrow ...«*

Creeps in this petty pace from day to day,
To the last syllable of recorded time;
And all our yesterdays have lighted fools
The way to dusty death. Out, out brief candle!
Life's but a walking shadow, a poor player,
That struts and frets his hour upon the stage.
And then is heard no more, it is a tale
Told by an idiot, full of sound and fury,
Signifying nothing.

Morgen und morgen, und dann wieder morgen.
Kriecht so mit kleinem Schritt von Tag zu Tag,
Zur letzten Sylb' auf unserm Lebensblatt;
Und alle unsre Gestern führten Narr'n
Den Pfad des stäub'gen Tods. – Aus! kleines Licht! –
Leben ist nur ein wandelnd Schattenbild;
Ein armer Komödiant, der spreizt und knirscht
Sein Stündchen auf der Bühn', und dann nicht mehr
Vernommen wird: ein Märchen ist's, erzählt
Von einem Dummkopf, voller Klang und Wut,
Das nichts bedeutet. V, 5.

Auch aus *King Lear* zitierte er viel, den Hohn auf Glosters Blendung: »*Out, vile jelly! / Where is thy lustre now?*« (Heraus du schnöder Gallert! – Wo ist dein Glanz nun?) III, 7; und Lears Zurückschaudern vor Gloster, der seine Hand küssen will: »*Let me wipe it first; it smells of mortality*« (Laß mich sie erst abwischen: sie riecht nach dem Grabe) IV, 6; dann aber auch Edgars Reden, vor allem das trotzige: »*The worst is not, / So long as we can say, ›This is the worst‹*«, woran er sich in besonders schlimmen Lebenssituationen ('s ist nicht das Schlimmste / Solang man sagen kann: Dies ist das Schlimmste, IV, 1) erinnerte. *Lear* verschlug Beckett die Sprache, er fand keine Worte für die Gewalt dieses Stücks, für ihn war es nicht nur unbeschreiblich, sondern auch unaufführbar, vielleicht weil alles, was man dazu sagen könnte, von vornherein zum Scheitern verurteilt war. Ich bemerkte nur, daß sich seine Miene verdüsterte, seine Lippen zusammenpreßten, wenn das Stück erwähnt wurde. Was er dabei empfand, blieb meist unausgesprochen, und er ließ durchblicken, daß man es nicht ausdrücken könne.

Zu seinen Eigenheiten beim Rezitieren von Poesie gehörte das Außerachtlassen der normal geläufigen Aussprachekonvention bezüglich langer oder kurzer Vokale bei Endreimen (»*historical rhyme*«), wenn poetischer Gleichklang vom Auge her (»*eye rhyme*«) gefordert schien:

Blow, blow, thou winter wind
Thou art not so unkind …

und in Shelleys *Ode to the Westwind*:

O, Wind,
If Winter comes, can Spring be far behind?

Wegen des Diphthongs in »*kind*« und »*behind*« (ai) wurde auch der Wind zum »Waind«. Ebenso diphthongierte er Adverbendungen – »*silently*« z.B. – gereimt auf »*why*«, wenn der Klang es erforderte. Er benutzte auch seltene und als veraltet geltende Wörter wie etwa »*haught*« (statt »*haughtiness*«/Hochmut), dessen Benutzbarkeit er sich durch das zehnbändige Oxford English Dictionary erfreut bestätigen ließ; sowie auch »*feat*« in *Footfalls (Tritte)* – »*how feat she wheels*« (Wie geschickt sie kehrtmacht) –, worüber wir Bedenken äußerten: Wir waren uns ständig dieser Gefahr, in der ein Autor schwebt, der außerhalb seines eigenen Landes und dessen Alltagssprache lebt, bewußt. Genau die Alltagsformeln sind es – »*up to his ears*« oder »*down on his luck*« für »bis obenhin« und »vom Pech ver-

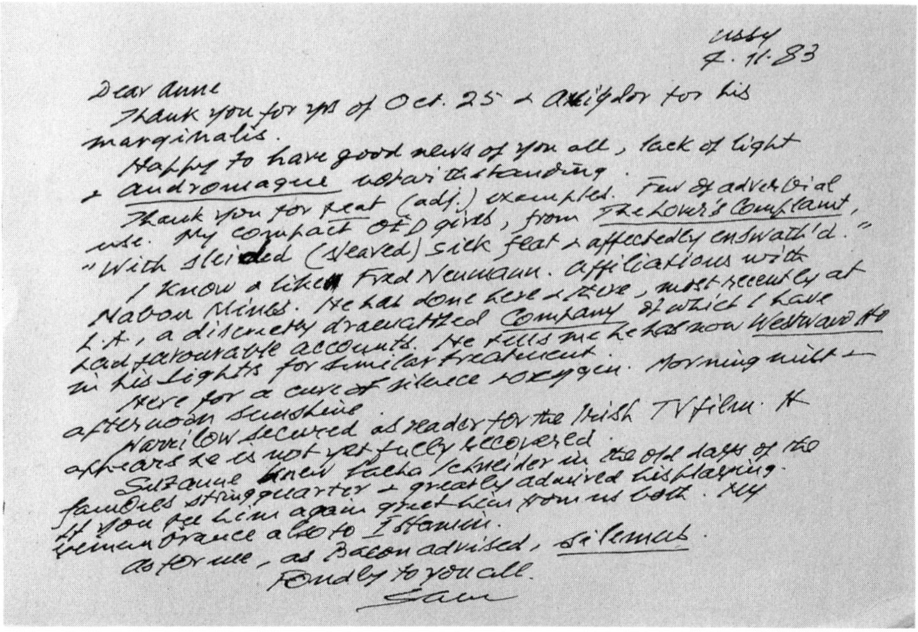
Ussy
4.11.83
Dear Anne
Thank you for yrs of Oct. 25 & Avigdor for his
marginalis.
Happy to have good news of you all, lack of light
& Andromaque notwithstanding.
Thank you for feat (adj.) examples. Few of adverbial
use. My compact OED gives, from The Lover's Complaint,
"With sleided (sleaved) silk feat & affectedly enswath'd."
I know & like Fred Neumann. Affiliations with
Mabou Mines. He has done here & there, most recently at
L.A., a discreetly dramatized Company of which I have
had favourable accounts. He tells me he has now Westward Ho
in his sights for similar treatment.
Here for a cure of silence & oxygen. Morning mist &
afternoon sunshine.
Warrilow secured as reader for the Irish TV film. It
appears he is not yet fully recovered.
Suzanne knew Sasha Schneider in the old days of the
famous string quartet & greatly admired his playing.
If you see him again greet him from us both. My
remembrance also to Istomin.
As for me, as Bacon advised, silemus.
Fondly to you all.
Sam

25

Ussy, 4.11.83

Dear Anne,

Thank you for yrs. of Oct.25 and Avigdor for his marginalis.

Happy to have good news of you all, lack of light and Andromaque *notwithstanding.*

Thank you for feat *(adj.) examples. Few of adverbial use. My compact* OED *gives, from* The Lover's Complaint, *›With sleided (sleaved) silk feat and affectedly enswath'd‹.*

I know and like Fred Neumann. Affiliations with Mabou Mines. He's done, here and there, most recently in L.A., a discreetly dramatized Company *of which I've had favourable accounts. He tells me he now has* Westward Ho *in his sights for similar treatment.*

Here for a cure of silence & oxygen. Morning mist – afternoon sunshine.

Warrilow secured as reader for the Irish TV film. It appears he is not perfectly recovered.

Suzanne knew Sasha Schneider in the old days of the famous string quartet and greatly admired his playing. If you see him again greet him from us both. My regards also to Istomin.

As for me, as Bacon advised, silemus.

Fondly to you all,

Sam

Ussy, 4.11.83

Liebe Anne,

Danke für Deine Nachricht vom 25. Oktober und Avigdor für seine Randbemerkungen.

Freue mich über die guten Nachrichten von Euch allen, trotz Lichtmangel und *Andromaque*.

Danke für die *Feat*-Beispiele. Wenige adverbial brauchbare. Mein *Compact OED* [das zehnbändige Oxford English Dictionary in einem Band mit miniaturisierter Schrift] gibt aus *The Lover's Complaint*: »*With sleided (sleaved) silk feat and affectedly enswath'd*« [Mit Flockseide geschickt und liebevoll eingehüllt].

Ich kenne und mag Fred Neumann. Verbindungen zu Mabou Mines. Er hat, hie und da, erst kürzlich in Los Angeles eine diskret dramatisierte *Company [Gesellschaft]* herausgebracht, über die ich Positives gehört habe. Er läßt mich jetzt wissen, daß er Ähnliches mit *Westward Ho* [*Worstward Ho – Aufs Schlimmste zu*] vorhat.

Hier für eine Schweige- und Sauerstoffkur. Morgennebel – Nachmittagssonne.

Warrilow gesichert als Leser für den irischen Fernsehfilm. Er ist anscheinend nicht völlig gesundet.

Suzanne kannte Sascha Schneider in den alten Tagen des berühmten Streichquartetts und bewunderte sein Spiel. Falls Du ihn wiedersiehst, grüß ihn von uns beiden. Grüße auch an Istomin.

Was mich betrifft, wie schon Bacon rät: *silemus* [schweigen wir].

Euch allen herzlich zugetan,

Sam

folgt« – die Milchzähne der Sprache, die man im Land selbst gar nicht wahrnimmt –, die mit Schmerz und Verwunderung, mit Nostalgie und doch auch Erleichterung über die Ferne von Zuhause erlebt werden, was zugleich ein besonderes Verhältnis zu allen Sprachen spürbar macht, wie sie Verlust und Gewinn mit sich bringen. Dieses Syndrom kam auch wieder mit besonderer Dringlichkeit und Schärfe zur Sprache, als Beckett ein letztes Mal zum Abendessen zu uns kam (am 2. Dezember oder Ende November 1986, s. S. 158).

Auch im Französischen achtete er auf sorgfältige Aussprache der Endreime: In seiner Ausgabe der Gedichte *(Délie)* von Maurice Scève (Paris, 1916) fand ich folgende Anmerkungen zu *Dizains* CCLII, den Endreimen *»terrestres«/»lettres«*: »Dieser Reim beweist, daß S vor Konsonant nicht ausgesprochen wurde«; und in CCCVII, nach *»vie mourante«*: »Erstes Beispiel dieses Ausdrucks, der bei Corneilles *Cid* sehr gebräuchlich wurde«; und auf Seite 24: »Wenn Scève eine schöne Verszeile gelingt, ist es eine außerordentlich schöne wie *hier*«, oder an anderer Stelle über Marguerite de Navarre: »Die ganze Renaissance kam wahrscheinlich von ihr her – schrieb das *Heptameron* – viele andere Gedichte«; und in *Dizain* CXLVIII ist *»tous«* unterstrichen und dazu angemerkt: »Im 16. Jhdt. immer dekliniert.«

Auch dem Gebrauch und Klang von Vokalen ging er nach. In seiner Petrarca-Ausgabe unterstrich er sich die Sonettzeile *»Tanta paura e dual l'alma trista ange«* (Sonetto IX des zweiten Bands der *Rime, Sonetti e Canzoni*) mit der Randbemerkung *»Vowels«* (Vokale). Vokal- und Konsonantharmonien suchte er auch bei Yeats, Milton und Shakespeare auf.

Neben Bunyan, den er zwar gelesen hatte, aber nicht viel zitierte, war ihm von den Autoren des siebzehnten Jahrhunderts besonders Milton wichtig – *»Hail holy light«* aus *Paradise Lost*, Buch III, eröffnet den zweiten Akt von *Glückliche Tage*: »WINNIE: Heil, heilig Licht,

Lange Pause. Schließt Augen ...« Er legte viel verhalten emotionalen Nachdruck in den Ausruf, wie überhaupt der Miltonsche Tonfall wie eine Transfusion sein Werk durchsickert. Als ich erstmals diesen Zuruf von ihm hörte, war es mir, als klänge darin noch das Echo eines anderen Wortes nach; auch beim zweiten Mal hatte ich dieses Gefühl eines vertrauten Wiedererkennens; es ging von der Art aus, wie er nach *»Hail«* pausierte und das *»hol«* in *»holy«* herausholte. Dann sah ich eines Nachts, nach einer Krankheit, im Traum zwei schwarz-, rot- und goldilluminierte Pergamentstreifen, die ganz in mittelalterlicher Manier langsam vor mir ausgerollt wurden – die eine war mit *»Hail holy light«* beschriftet, die andere, die sich darunter entrollte, enthüllte das Wort *»Hallel«* (hebräisch für »Gelobt«, daher Hallelujah, Gotteslob). *»Hallel«* ist Teil der Psalmenliturgie, und Milton hat ja die Psalmen übersetzt.
Der Traum, das gleichzeitige Aufscheinen der beiden Schriftrollen, kam mir wie eine Offenbarung vor, gesandt von Milton und dem Psalmisten David; bei dieser englisch-hebräischen Begegnung gab es eine Ähnlichkeit in der Alliteration, der Stimmung von Exaltation, Seligsprechung und stiller Inbrunst. Ich las kürzlich, daß Milton sich jeden Morgen um halb fünf aus der Bibel vorlesen ließ, auf hebräisch, und daß er die Psalmen »die größten Dichtungen der Welt« nannte (Douglas Bush, Milton, Oxford 1969).*

* Und bereits Tyndale schrieb im Vorwort zu seiner Übersetzung: »Die Bibel kommt dem Englischen entgegen: denn der Genius des Hebräischen ist dem Genius des Englischen verwandt.« Trevelyan bemerkte in seiner *Geschichte Englands*: »Das beständige häusliche Studium der Bibel hat sich auf den Nationalcharakter, auf die Phantasie und Intelligenz der Engländer in drei Jahrhunderten stärker ausgewirkt als jede andere literarische Bewegung in unseren Annalen oder religiöse Bewegung seit der Ankunft des Heiligen Augustin. In der englischen Geschichte kann die Bibel als eine »Renaissance« der hebräischen Literatur angesehen werden, die größere Verbreitung fand und mächtiger wirkte als die klassische Renaissance (*History of England*, 1973, S. 431/2). Und schon Addison bemerkt (im *Spectator*, 1712, Nr. 405): »Das hebräische Idiom gleitet mit besonderer Anmut und Schönheit in die englische Sprache.« Erst kürzlich hat die Lyrikerin Marianne Moore sich ähnlich geäußert.

Bei Beckett klang das »*Hail holy light*« wie ein Gebet.

Er sprach auch oft über Sterne und seine gewagten Zickzackexkurse – ebenso bewundernd wie über Flaubert oder Defoe, dessen *Journal of the Plague Year (Die Pest zu London)* sich ihm quälend eingeprägt hatte; ich hatte das Buch gerade gelesen. Defoes mühevolles Leben fand er deprimierend und empfahl Robert Louis Stevensons Briefe als alternative Lektüre.

Er äußerte sich nicht viel über Dickens, obwohl Passagen aus dessen Romanen sich durchaus beckettisch anhören, mit manchmal ähnlich pulsierenden Rhythmen. Eines Abends allerdings, als er mit A. im Îles Marquises Austern aß und ich am Ende meines Salats aus den *Pickwick Papers* (die ich gerade las) zitierte – »*Wery good power o' suction, Sammy* …« (Prima Saugekraft, Sam) –, lachte er schallend und ergänzte das Zitat: »*You'd ha' made an uncommon fine oyster, Sammy, if you'd been born in that station o' life.*« (Du hätt'st 'ne wirklich feine Auster abgegeben, Sammy, wärst du in diesen Stand gebor'n worden.) Dickens, wie auch Beckett, liebte Wortspiele; aber die Ausuferung des Personals und der Geschichten steht total quer zu Sams Kargheitsideal. Dasselbe gilt für Balzac, den Beckett zwar ausgiebig gelesen hat, aber nicht sozusagen »seinen« Autoren zuzählte. (Als ich *Splendeurs et misères des courtisanes* las, winkte er ab, weniger schon, wenn man *La peau de chagrin* erwähnte.) Was Dickens angeht, hätte Beckett wohl keine Ähnlichkeiten anerkannt; seine Einstellung zu Ökonomie, Form und Struktur war zu verschieden.

Ich erzählte ihm einmal, daß Horace Gregory, der meine Magisterarbeit betreute, sich an eine Warnung erinnerte, die T. S. Eliot auf einer Party Auden erteilte, der gerade Knittelverse deklamierte: Wenn man sich solche Reimereien einprägte, würden sie irgendwie das eigene Werk beeinflussen. Sam, der Gregory kannte und schätzte, wiederholte die Warnung mit großem Vergnügen, das er auch sonst, wenn er etwas aus dem »Leben der Dichter« hörte, spüren ließ; doch über Audens Gedichte, die er sicherlich gelesen hatte, schwieg er sich ostentativ aus. (Und sprach dann statt dessen unvermittelt über Johnsons *Life of Richard Savage*, wobei seine Meinung über diesen Savage schwer von seiner Würdigung der Johnsonschen Fürsprache zu trennen war.)

Beckett dirigierte seine Texte wie Partituren, seine Schauspieler wie Musiker, wie schon angedeutet. Seine unvergleichlichen Probenlesungen von Clovs Monolog im *Endspiel* und anderen Texten (auch in Übersetzung) beeindruckten die Akteure, die mit ihm ihre Rollen durchgingen, ungemein. Besonders überwältigend war seine Darstellung des *Eh Joe*-Texts, mit der er Billie Whitelaws großartige Interpretation der »Frauenstimme« vorbereitete. Whitelaw war für einen Probentag nach Paris gekommen. Beckett hatte mich ins Café Français (unweit seiner und unserer Wohnung) dazugebeten – ich hatte keine Ahnung warum und ging nach etwa einer Stunde wieder weg. Aber während dieser Stunde hatte Sam den Text vorgelesen – seine Stimme vielfach modulierend, flüsternd erst, dann die Stimme hebend, höhnisch, trübe. Seine Regieanweisung für die »Stimme« (Billies Rolle) lautet: »Leise, deutlich, fern, beinahe farblos, ganz gleichmäßiger Rhythmus, etwas langsamer als normal. Zwischen den Sätzen ein Intervall von mindestens einer Sekunde« usw., bis es gegen Ende dann heißt: »Stimme wird schwächer, bis zu einem gerade noch hörbaren Flüstern, das Kursivgesetzte etwas lauter.« Vor ihrem Rückflug war Billie Whitelaw noch bei uns zu Hause zum Tee verabredet: Noga war an der Tür, als sie eintraf – sie sah müde, aber freudig erregt aus. Ich bat sie, uns noch die Stellen, die mir nach meinem Weggehen entgangen waren, zu rezitieren.
Was wir hörten – von »Schleift ihre Füße durchs Wasser wie ein Kind« bis zu »Das war Liebe ...Verglichen mit unserer ... Verglichen mit Seiner ... *He, Joe?*« –, war eine Stimme, die nicht mehr einer Frau anzugehören schien, sondern eher den Elementen, Wellenschlag gegen das Ufer, steigend, fallend, murmelnd. Wir hörten den Kies in den Zischlauten, das Wasser darüber rauschend, Fels und

den Sog der Flut, ein Donnergrollen, Billies Arm erhoben und wie im Begriff das Wasser zu peitschen, wir am Ufer, überwältigt.

Für Billie schrieb Beckett *Nicht Ich* – sie war gleichsam sein Instrument, für das er komponierte. A., als Sam ihm den noch unfertigen Text zeigte, rief plötzlich aus: »Ihr Mund brennt ja!« Beckett gefiel das, und er nahm es in den Text auf: »Mund entbrannt«. Bei der Premiere flüsterte ich A. irgendwann ins Ohr: *»It's electrifying.«* Und A. gab zurück: *»C'est sidérant«* (umwerfend). Als wir Billie nach der Aufführung gratulierten, sagte sie: »Faßt mich ja nicht an, ich bin voller Elektrizität.« Beckett sagte oft, *King Lear* könne man nicht adäquat auf die Bühne bringen. Wenn aber doch, so meine ich, gewiß nur unter der Regie eines solchen Dirigenten und Blitzableiters des Unaussprechlichen.*

YEATS

Obgleich Beckett selbst, beim Deklamieren von Gedichten, immer sorgfältig akzentuierte, störte ihn bei Yeats' Vortrag die halsbrecherische Geschwindigkeit keineswegs (ein paar bemerkenswerte Ausnahmen gab es allerdings auf dem Band, das ich von Sam bekommen hatte) – er eilte so, als könne er das Ende der Lesung nicht erwarten. Vielleicht aus Nervosität. (Man bemerkt manchmal ähnliches Angespanntsein im Mienenspiel von Cellisten oder Geigern bei schwierigen Passagen, als balancierten sie Eier und zweifelten, ob sie das schaffen.) Dylan Thomas dagegen las sehr gut, wie auch Beckett fand: *»memorable«* (denkwürdig). Bei Yeats' Gedicht *»Sailing to Byzantium«* hob Beckett an einer Stelle die m's hervor (in *»form«* und *»enamelling«* und das »as« mit einem »schläfrigen« stimmhaften s:

* »conductor of the inexpressible«: conductor = Dirigent/Blitzableiter (A. d. Ü.)

But such a form as Grecian goldsmiths make
Of hammered gold and gold enamelling
To keep a drowsy Emperor awake,

So ein Gebild, wie Goldschmiede gestalten
Aus Hammergold und Goldemaille in Hellas
Um einen müden Kaiser wachzuhalten,

Von 1959 an war Yeats, vor allem bei unseren häuslichen Abendessen, so oft auf dem Tapet wie Samuel Johnson und Dante. Nicht immer die gleichen Gedichte, obwohl Beckett einige besonders gern rezitierte, zum Beispiel den »*Drinking Song*« (bei einer guten Flasche Wein) und, im Unisono mit meiner Tochter Alba, die »*Old Men Admiring Themselves in the Water*« (Alte Männer, die sich im Wasser bespiegeln). Auch »*The Girl's Song*« aus der »*Crazy Jane*«-Sequenz deklamierte er eines Abends:

I went out alone
To sing a song or two ...

Ich ging allein hinaus
ein Lied zu singen oder zwei ...

Wenn er bei den letzten Zeilen ankam –

When everything is told,
Saw I an old man young
Or young man old?

Wenn alles gesagt ist,
sah ich einen alten Mann jung
Oder einen jungen Mann alt?

– blickte er auf, mit einem Funkeln in den Augen, als wollte er sagen: »*You see?*« (Siehst du?) Die Zeilen aus »*Why Should Not Old Men Be Mad*« (Warum sollten alte Männer nicht verrückt sein).

A girl that knew all Dante once
Lived to bear children to a dunce;

Eine Gör, die einst den ganzen Dante gekannt,
Gebar schließlich Kinder einem dummen Fant;

deklamierte er gleichsam entrüstet, ja zornig, wie persönlich beleidigt. Über »*Under Ben Bulben*« behauptete er, das Original des Epitaphs, das Yeats schrieb, laute folgendermaßen:

Hold rein. Hold breath

Halt die Zügel. Verhalt den Atem

Doch Yeats habe diese vier Wörter ausgestrichen und direkt mit der Schlußfassung weitergemacht:

Cast a cold eye
On life, on death.
Horseman, pass by!

Kalten Augs schau dir an
Das Leben, den Tod.
Reit vorbei, sei ein Mann

und als ich meinte, die erste Fassung sei mir lieber, war er nicht damit einverstanden und gab andere Beispiele des *Suste-Viator*-Genres (»Halt an, Wanderer!«) von Swift bis zu Yeats' Versen auf Synge, was alles ihn ungeheuer belebte; denn er war ja auch trotz allem

Vorbehalt ein Philologe. Schließlich kam er auf den *Ubi-Sunt*-Topos (»Wo sind sie jetzt, die Toten?«), was unweigerlich Thomas Nashes *Summer's Last Will and Testament* nach sich zog:

Brightness falls from the air
Queens have died young and fair

Heller Glanz fällt aus den Höh'n
Königinnen starben jung und schön

Diese Verse deklamierten wir schließlich zusammen, wobei er an jedem Zeilenende eine Pause einlegte, einen emotionsgeladenen Schweigemoment, manchmal gefolgt von einem voraussehbaren Hinweis auf Villon (»Wo ist der Schnee vom letzten Jahr?«). Danach fand er immer mit A. zu Hölderlin hin, den *Titanen*, und die folgenden Zeilen deklamierten sie im Stehen:

Viele sind gestorben
Feldherrn in alter Zeit
Und schöne Frauen und Dichter
Und in neuer
Der Männer viel,
Ich aber bin allein.

A. zuerst und dann auch Sam hielten sich ekstatisch über das ungrammatische Wunder des »Nicht ist es aber / Die Zeit« auf. Und auch Verse aus Yeats' »*Friends*« wurden im Stehen wiederholt rezitiert:

While up from my heart's root
So great a sweetness flows
I shake from head to foot,

Wenn süßer Überfluß
aufwallt aus Herzens Grund,
Beb' ich von Kopf bis Fuß,

Beckett konnte nur staunen über soviel Emotion. Und sie standen dann immer auf, die beiden – ich blieb sitzen – bei bestimmten besonders bewegenden Eingebungen, etwa auch wenn Goethes *Wilhelm Meister* an die Reihe kam mit dem Harfnerlied:

Wer nie sein Brot mit Tränen aß ...

Und nicht nur standen sie dabei auf, sondern sie schüttelten die Fäuste, wenn sie an die Stelle kamen:

Der kennt euch nicht, ihr himmlischen Mächte.

Sam, der sonst nicht viel von Longfellow hielt, schrieb mir doch einmal dessen Übersetzung des Harfnerlieds auf.

Walther von der Vogelweide gehörte auch zu den oft gehörten Dichtern in unserm Haus: Becketts Gedicht *»Da tagte es«*, geschrieben kurz nach dem Tod seines Vaters, spielt auf Walthers Minnelied »Nemt, frowe, diesen kranz« an, dessen vorletzte Strophe mit der Zeile endet: »Dô tagete ez und muos ich wachen.« A. machte Beckett auch auf Andreas Gryphius aufmerksam, der zur Zeit des Dreißigjährigen Krieges schrieb; sie lasen seine Gedichte oft laut, besonders das eine, »Mitternacht«, mit der düsteren Verszeile »finstere Kälte bedecket das Land«, das noch in Goethes *Prometheus*, so meinte A., ein Echo findet: »Bedecke deinen Himmel, Zeus«. Bei einer Strophe des Gedichts »Der Tod« von Matthias Claudius lief es uns jedesmal kalt über den Rücken:

Ach, es ist so dunkel in des Todes Kammer,
Tönt so traurig, wenn er sich bewegt
Und nun aufhebt seinen schweren Hammer
Und die Stunde schlägt.

Beckett schenkte A. seine alte, kleinformatige, dreibändige Claudiusausgabe – auf seinen Reisen in Deutschland erstanden –, aus der sie lieber lasen als aus der Jahre zuvor von A. besorgten kritischen Ausgabe mit den Anmerkungen und dem Index für die akribischen Schulfüchse, die sie ja auch waren.

Mehrfach war von Kafka die Rede. Beckett meinte, Kafka habe in der böhmischen k.-u.-k.-Metropole reineres Deutsch geschrieben als seine reichsdeutschen Zeitgenossen. A. war damit nicht einverstanden, und ich konnte das nicht beurteilen; Beckett las allerdings zu der Zeit Fontane mit seinem Berliner Tonfall, womit sich A. Sams Beobachtung erklärte. Beckett meinte auch, Kafkas Themen erforderten einen eher zergliederten Stil.

Er äußerte sich nicht über Rilke, außer daß er Anstoß nahm an unserer Begeisterung und seine Gedichte partout nicht laut gelesen hören wollte. Offenbar aber war ihm in jungen Jahren *Die Weise von Liebe und Tod des Cornets Christoph Rilke* (die A. in jungen Jahren illustriert hatte) durchaus eingegangen, wenn auch nicht das *Stundenbuch*. Goethe dagegen zu intonieren wurde er nie müde, »Ein Gleiches« zum Beispiel – »Über allen Gipfeln ist Ruh« –, dessen sechste, siebte und achte Zeile uns den Atem verschlug: »Die Vögelein schweigen im Walde./Warte nur, balde/Ruhest du auch.« Das Gedicht berührt ja auch gleichsam die Stunde, da man den Atem anhält. Goethes wie auch Yeats' Gedichte waren ihm auch im Alter noch durch bloßes Lesen nicht ausgelotet. Ebensowenig wie Hölderlins spätes Gedicht »Der Spaziergang«; es fand vielleicht ein Echo in *He, Joe*: »Und dann der Steg der schmale ... Glänzt einem das herrliche Bild«, in der 7. Kamerabewegung: »Die Grüne .../ Die Schmale .../ Lichtgewordener Geist«. Auch Heine bewunderte er

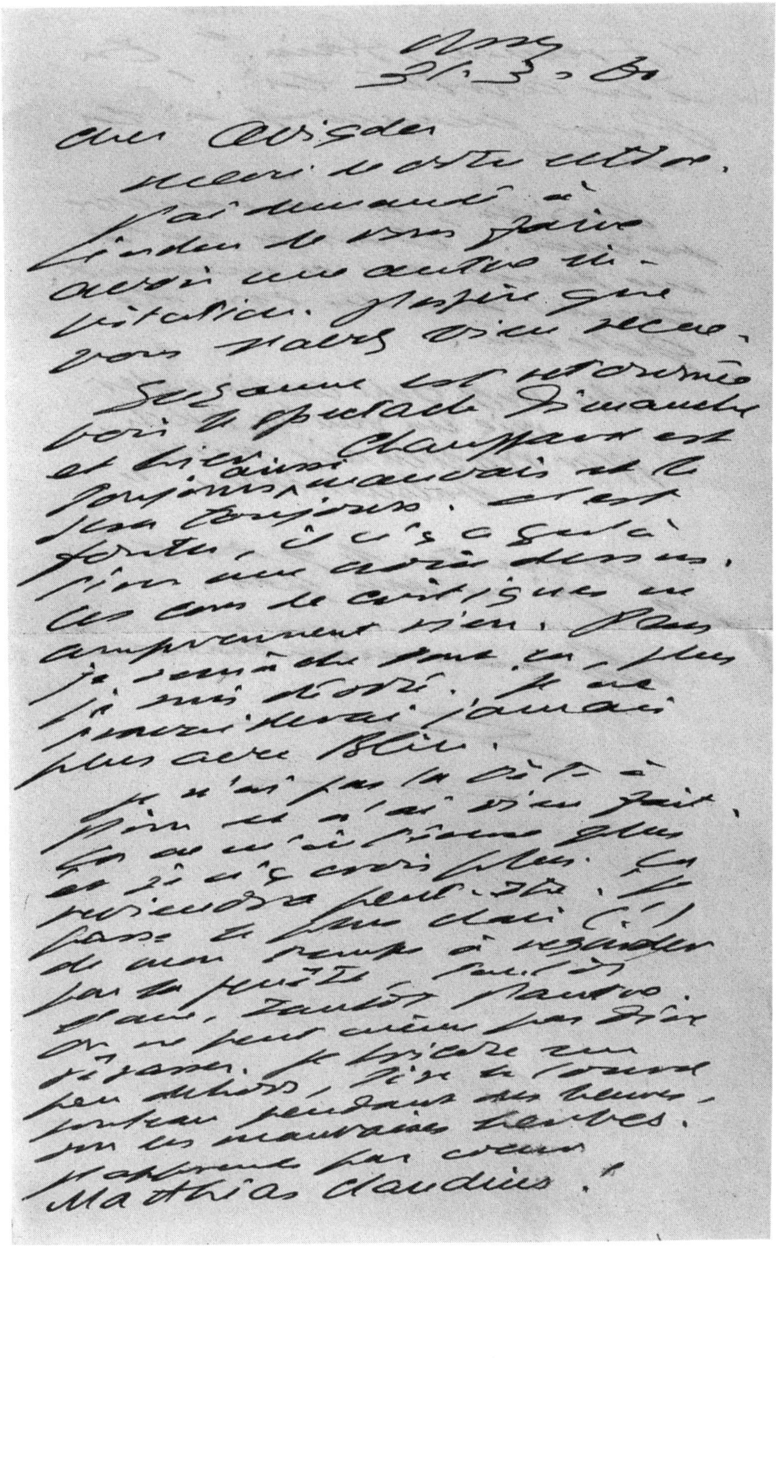

Ussy
21.3.60

Cher Avigdor

Merci de votre lettre.
J'ai demandé à Lindon de vous faire avoir une autre invitation. J'espère que vous l'avez bien reçue.

Suzanne est retournée voir le spectacle dimanche et bien aimé aussi. Chauffard est toujours mauvais et le sera toujours. C'est foutu. Il n'y a qu'à pisser dessus. Les cons de critiques ne comprennent rien. Plus je connais de tout ça, plus je suis dégoûté. Je ne travaillerai jamais plus avec Blin.

Je n'ai pas la tête à rien et n'ai rien fait. Ça ne m'intéresse plus et je n'y crois plus. Ça reviendra peut-être. J'ai passé le plus clair (?!) de mon temps à regarder par la fenêtre [illegible] l'autre [illegible]. Tantôt [illegible]. On ne peut même pas dire [illegible]. Je bricole un peu dehors, [illegible] pendant des heures, sur les mauvaises herbes. J'apprends par coeur Mathias Claudius.

26/27

Ussy, 31.3.60

Cher Avigdor,

Merci de votre lettre.

J'ai demandé à Lindon de vous faire avoir une autre invitation. J'espère que vous l'avez bien reçue.

Suzanne est retournée voir le spectacle dimanche et hier. C. (...) est toujours aussi mauvais et le sera toujours. C'est foutu, il n'y a qu'à tirer une croix dessus. Ces sons de critiques ne comprennent rien. Plus je remâche tout ça, plus je suis désolé. Je ne travaillerai plus avec Blin.

Je n'ai pas la tête à Pim et n'ai rien fait. Ça ne m'intéresse plus et je n'y crois plus. Ça reviendra peut-être. Je passe le plus clair (!) de mon temps à regarder par la fenêtre, tantôt l'une tantôt l'autre. On ne peut même pas dire rêvasser. Je bricole un peu dehors, tire la lourde tondeuse pendant des heures, sur les mauvaises herbes.

J'apprends par cœur Matthias Claudius! ›Freund Hain‹. En être arrivé là! Pense beaucoup à la mer.

Voilà, mon pauvre vieux. C'est ce qu'il me faut en ce moment. Tombé sur les vers de Goethe:

›Die Welt geht auseinander
Wie ein fauler Fisch,
Wir wollen sie nicht
balsamieren.‹

Je rentre le 9 ou le 10 je ne sais pas.

Bien amicalement

Sam

Ussy, 31.3.60

Lieber Avigdor

Dank für Deinen Brief.

Ich forderte bei Lindon eine zweite Einladung an [A. A.s Premierenkarte war von einem Nachbar entwendet worden]. Hoffentlich hast Du sie erhalten. Suzanne sah sich die Schau am Sonntag und gestern noch einmal an. Chauffard ist immer noch so schlecht und wird es bleiben. Es ist vermasselt, besser, es einfach zu vergessen. Diese blöden Kritiker verstehen nichts. Je mehr ich das alles wiederkäue, desto trübsinniger werde ich. Mit Blin werde ich nicht mehr arbeiten.

Ich komme mit Pim [in *Wie es ist*] nicht zurecht und habe nichts geschafft. Es interessiert mich nicht mehr, und ich glaube nicht mehr daran. Vielleicht kommt es ja wieder zurück. Ich bringe den hellsten (!) Teil meiner Zeit mit Aus-dem-Fenster-Gucken zu, mal aus dem einen, mal aus dem andern. Man kann das nicht mal Tagträumen nennen. Ich mache mir draußen ein bißchen zu schaffen, schiebe den schweren Rasenmäher stundenlang übers Unkraut.

Ich lerne Matthias Claudius auswendig! »Freund Hein.«

An diesen Punkt zu gelangen! Ich denke viel ans Meer.

Das wär's also, mein armer Alter. Das ist es, was ich momentan brauche. Unerwartet bei Goethe auftauchend:

Die Welt geht auseinander
Wie ein fauler Fisch,
Wir wollen sie nicht
Balsamieren.

Zurück am 9. oder 10., ich weiß noch nicht.

Freundschaftlich

Sam

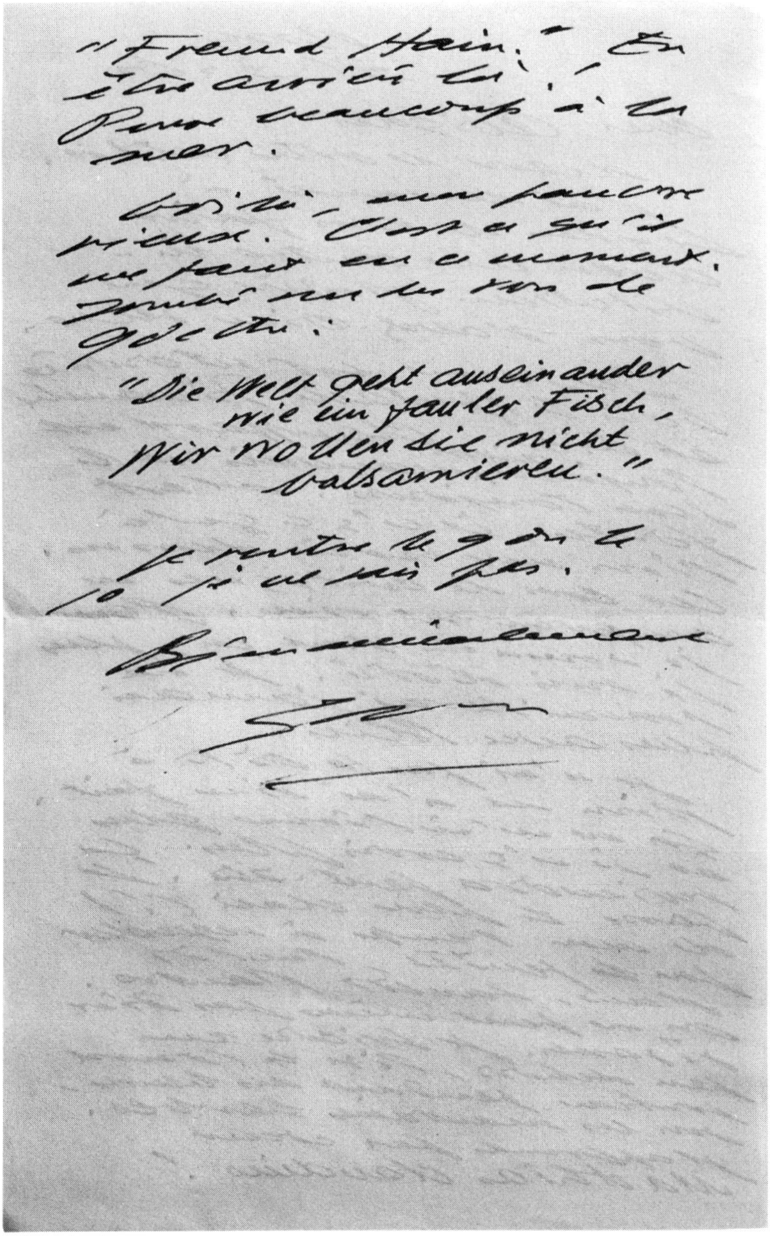

"Freund Hain." En être arrivé là !
Pensé beaucoup à la mer.

Aujourd'hui, mon pauvre vieux. C'est ce qu'il me faut en ce moment. Tombé sur les vers de Goethe:

"Die Welt geht auseinander
wie ein fauler Fisch,
Wir wollen sie nicht
balsamieren."

Je rentre le 9 ou le 10 je ne sais pas.

Bien amicalement

ungeheuer und Rückerts Gedichte –, »Du bist die Ruh« etc. – sofern sie von Schubert vertont sind, und überhaupt wie Schubert und Schumann Dichtung und Musik miteinander verschmolzen. Auch Trakl schätzte er sehr; über Kleist äußerte er sich nur einmal, als er meine zweisprachige Ausgabe des *Prinzen Friedrich von Homburg* auf meinem Tisch liegen sah – offenbar hatte er ihn früher viel gelesen und konnte sich noch immer dafür erwärmen.

Beckett zergliederte nie die Gedichte, die ihn ansprachen; er definierte, analysierte, dekonstruierte und erläuterte nicht, warum er einen Text gut fand; als Student hatte er das getan, wie seine Anmerkungen zu Petrarca und Scève zeigen, oder auch später noch, wenn er zur Klärung seiner Gedanken über Dichter oder Romanciers schrieb, oder in Briefen an Tom MacGreevy, den irischen Freund aus den frühen Pariser Jahren an der École Normale. In seinem Werk erinnern seine Protagonisten lediglich durch Zitat, Paraphrase oder indirekte Anspielungen an Becketts Lektüre. Er selbst vermittelte seinen Eindruck, seine Reaktion auf einen Text durch seine Körpersprache – reiner Geist brauchte hier und traf auf eine Statur, die aufnahmebereit aufs Wesentliche konzentriert blieb –, er hob lediglich eine Hand oder blickte den Gesprächspartner eindringlich an, oder hob oder senkte das Haupt beim Wiederholen der Verszeilen; das Handheben schien einen Ausruf, ein »Ah« zu ersetzen, eine kreisende Handbewegung dagegen ein »Hör dir das an« oder ein »Stell dir das vor«. Dies genügte als eine Art Pakt zwischen uns in bezug auf englische und zwischen ihm und A. auf deutsche Dichtung (zu der ich erst später hinfand). Beckett hatte ja einige äußerst relevante, zugespitzte und eindringliche Studien (über Proust und Joyce) geschrieben, wovon einiges indirekt auch in seinen Romanen zutage trat. Seine Pantomimik schreibt sich also nicht von der Unfähigkeit her, das Wie und Warum eines Œuvre zu formulieren, sondern von der emotionalen Intensität, die sein Verstehen untermauerte und überwölbte.

Von daher versteht sich seine Vorliebe für Yeats. Das Gedicht »The Tower« bedeutete ihm besonders viel – wegen der Kongruenz von Sprache und Bildhaftigkeit:

Pride, like that of the morn,
When the headlong light is loose,
Or that of the fabulous horn
Or that of the sudden shower
When all streams are dry,
Or that of the hour
When the swan must fix his eye
Upon a fading gleam,
Float out upon a long
Last reach of glittering stream
And there sing his last song.

Stolz, wie der des Morgens,
Wenn das ungestüme Licht freikommt.
Oder der des Fabelhorns,
Der des plötzlichen Regenschauers,
Wenn alle Flüsse trocken sind,
Oder der der Stunde,
Wenn der Schwan sein Auge heftet
An einen verglimmenden Schimmer,
Hingleitet auf einer langen,
Letzten glänzenden Flußstrecke
Und da sein letztes Lied singt.

Bei den letzten vier Verszeilen irrte sein Blick ab, als folge er dem Verglimmen.

9. Oktober 1979
Zum Père Lachaise. Cons Feuerbestattung. Wir sind – um 7 Uhr 40 – die ersten. Wollen eben nach Heines Grab suchen, da kommt Sam des Wegs und ruft leise beschwörend A.s Namen. Wortlos festes Umfassen der Schultern. War, wie er uns sagt, schon den Tag darauf von Ussy herübergekommen. Con war es immer schlechter gegangen, er wußte, daß es zu Ende ging. Wir verharren eine Weile, Blicke tauschend, wollen nach Heines Grab suchen; aber dann ruft jemand nach Sam, eine lebhafte, irgendwie vertraut wirkende Frau, angenehme Erscheinung, begleitet von einem stämmigen sympathischen Mann mit Grübchen in den Wangen. Cons Tochter Anne, ihr Ehemann, die Con so hingebend gepflegt haben. Umarmung. Schweigend ein paar Sekunden nur, und dann beginnt Anne zu reden. Freut sich ungemein über Sams Erscheinen, ist sich offenbar seiner Bedeutung in der Welt in diesem Augenblick besonders bewußt. Marion im Rolls-Royce fährt an uns vorbei, winkt. Kommt später zu Fuß zurück. Josette, Henri Haydens Witwe, im Gesicht etwas aufgedunsen, ihr Haar noch immer als Pferdeschwanz, Hosen und Pullover wie das korrekt gekleidete Schulmädchen, das sie vor dreißig Jahren war. Marion elegant mit schwarzer Klubjacke und geschlitztem Rock und bescheidener, aber angemessener weißer Bluse, wie für einen Empfang auf einer Dinnerparty. Huldvoll, lässig, stellt jeden jedem vor. Der Graphiker Bill Hayter mit Frau Desirée ist auch zugegen, sie sprechen von Cons Schmerzen, und daß sie hätten unerträglich werden können. Haben sich sehr anständig um Marions Sohn Andrew gekümmert. Sieht Marion ähnlich, gewohnt, Leute einander vorzustellen, fast wie ein Zeremonienmeister, sehr aufmerksam zu seiner Mutter – seine Frau auch angenehme Person, zurückhaltend, unscheinbar; die waren es, die zu ihren zwei Kindern noch ein drittes adoptierten, ein Türkenkind. Gehen hinein, setzen uns auf die Bänke, Sam und wir zwei ganz hinten, als die letzten, in einer Umgebung, die wie ein Filmset für eine Seifenoper wirkte, aber, wie Anne Davids Mann verrät, das

himmlische Jerusalem darstellen soll. Vor dem Hineingehn sprechen wir noch immer über Heines Grab, den Philosophen Jean Wahl, Baudelaire. Tom Erma, ein estländischer Maler, der mit 20 Jahren Selbstmord beging, wurde hier feuerbestattet. Reden über Grabsprüche, wozu ich meine, daß jeder Dichter seinen eigenen verfassen sollte. Sam sagt: »Ich schrieb mir einen vor vielen Jahren, ich war noch sehr jung.« Erörtert plötzlich eine grammatische Finesse: Unterschied zwischen *échapper à* und *échapper de*: das eine für das Davonkommen, das Entgehen, zum Beispiel einer Verfolgung, einem Gefecht, einer Krankheit, einem Schiffbruch, einem Sturm, einem Massaker; das andere für das Entkommen aus einem Gefängnis, aus einer Überwachung. A. macht sich eine Notiz. Drinnen nehmen wir schweigend Platz. Sams Gewohnheit, die Daumen übereinander zu drehen, in angespannter Nervosität. Sitzt nach vorn gebeugt, manchmal fast wie schlafend. Der Journalist John Kobler taucht auf, zu unserem Leidwesen; ist doch einmal früh aus dem Bett gekommen; natürlich nicht wegen Con, sondern um Sam zu sehen. Hat enorm zugenommen. Sieht mit seiner schwarzrändrigen Brille wie der Pate aus (Al Capone, über den er eine Biographie verfaßt hat). Grobe Kinnpartie. Scharfe Augen. Ruckt den Kopf hin und her in der ersten Reihe. Fixiert nacheinander alle Anwesenden in jeder Reihe von rechts nach links, bis er schließlich Sam entdeckt. Sam winkt gezwungenermaßen zurück. Kobler wuchtet sich in die Reihe vor uns, verdrängt einen netten unscheinbaren Menschen, als habe er einen Anspruch auf dessen Platz. Wollte Sams schon lange habhaft werden, aber Beckett war ihm bis dato glücklich entkommen: *échapper à*. Alles jetzt in Schweigen getaucht. Das Surren der Verbrennungsanlage; es ruft natürlich andere Krematorien ins Gedächtnis zurück. Wir sitzen da fast eine Stunde. Dann ins Freie, wo die Urnen in einer Ecke in Fächer gestellt werden. Drei oder vier Bedienstete in Uniform, einer versucht eine Gedenktafel anzubringen, Kalkstein, sieht nach Beton aus. Paßt ihn mit Mühe in die dafür bestimmte Nische ein. Nach dem Auftragen irgendwelchen Kleisters, erst an einer Seite, dann am vorderen Rand, versucht er es wieder, scheitert zweimal, schafft es schließlich, etwas ganz Ähnliches bedeckt den Wasseranschluß vor Becketts Haus in Ussy. Zu unserm Entsetzen ist eine Nummer darauf. Nur eine Nummer. 21501. Was hat das mit Con zu tun? Und gerade dann sagt Cons Schwiegersohn, Dr. David, mit erstickter Stimme: »Er fehlt mir. Seinen Freunden auch, glaube ich – gewiß meiner Frau. Sonst kann ich nichts sagen, außer dem Kaddisch. Die ihn kennen, stimmen bitte ein?« Wesentlich, gerade dann. Alle fühlen sich erleichtert. Diese Zahlen mit einem Gebet welcher Art auch immer zu vermenschlichen, mit Worten, die zu feierlichen Gelegenheiten, nicht zu einer Un-Gelegenheit gedacht waren. Erst da ist es um Annes Gefaßtheit geschehen. Tränen, auch Marions und anderer, auch unsere. Sams Augen naß. Die Stimme rezitiert lateinisch, hebräisch, englisch. Versuch der Sprache, die Möglichkeit eines Wegs zu Gott zu beschreiben. Großes Aufatmen. Denkwürdig das Ganze, obwohl Sam, die Stufen hinabsteigend, gesagt hatte: »Nein, es ist schon besser so, Con hätte es nicht gewollt (ein anderes Begräbnis?).« Danach gesellt sich Hayter zu uns und sagt: »Ich wäre ein guter Jude geworden. Das war schön, dieses Kaddisch.« A. sagt, was für ein Fluch es sei, ein Jude *und* ein Künstler zu sein.

Wir trennen uns, um später bei Marion zusammenzukommen. Machen uns rasch davon. Rue des Pyrenées. Mir kommt vor, wir gehn in die falsche Richtung. Sehen am Bus, daß wir tatsächlich falsch laufen, und jetzt weniger rasch, mit dem Wind aus den Segeln, gehn wir die Straße wieder hoch, hoffen auf ein Taxi, sonst eben die Metro am Place Gambetta. Wortlos. Beim Umkehren leichte Verstimmung in Sams Miene, kein Taxi. »Nehmen wir die Metro.« Kurz vor der Metrostation kriegen wir doch noch ein Taxi, und zurück geht's, woher wir gekommen sind. Sam erklärt, wir hätten doch weitergehn können bis Nation, Bastille, statt in Richtung St. Lazare zu marschieren. A. steigt aus, will später bei Marion wieder zu uns stoßen. Sam und ich treffen endlich bei ihr ein. Guter Kaffeeduft.

Viele Leute da. Zigarre. Geräucherter Lachs, Sandwiches. Marions Arrangement. Anne David nähert sich Sam und sagt, sie habe ihn die ganze Zeit innerlich dazu bewegen wollen, daß er sich erheben und ein Gedicht – irgendein Gedicht –, nicht unbedingt ein eigenes – lesen würde. Sie wendet sich dann jemand anderem zu, und Sam verrät mir: er *hatte* sich ein Gedicht vorgesagt, von Yeats, »The Tower«. Glas in der Hand und gegen die Wand gelehnt, memorierte er folgende Passage aus diesem Gedicht:

Now shall I make my soul,
Compelling it to study
In a learned school
Till the wreck of body,
Slow decay of blood,
Testy delirium
Or dull decrepitude,
Or what worse evil come –

Und hier hielt er inne, straffte die Schultern, sprach dann entschlossen weiter:

The death of friends, or death
Of every brilliant eye
That made a catch in the breath
*Seem but the clouds of the sky …**

Jetzt wirke ich meine Seele,
Erzwingend ihr Belehrtsein
In einer guten Schule,
Bis der hinfällige Leib,

* *»… but the clouds …« (»… nur noch Gewölk …«)* war dann der Titel seines Fernsehspiels von 1977.

Das lang hinsterbende Blut,
Die Wut des Fieberwahns
Oder seniles Alter,
Oder noch schlimmres Übel –
Der Tod der Freunde, Tod
Jedwedes glänzenden Augs,
Vor dem der Atem stockte –
Nur Himmelswolken scheinen,
Wenn der Gesichtskreis schwindet,
Oder ein Vogelruf,
Schläfrig in dunkelnden Schatten …

Auch Sam hätte wie Yeats schreiben können, daß ihm das Alter wie einem Hund auf den Schwanz gebunden sei. Nie aber war seine Erfindungskraft glühender, leidenschaftlicher, phantastischer, nie Auge und Ohr, die das Unmögliche dringlicher erwarteten.

Auch aus »*At the Hawk's Well*« zitierte er oft und reflektierte – über Yeats' Altersgedichte. Zusammen mit Yeats-Katalogen über das Werk des Dichters und das seines Bruders, des Malers (er besaß zwei Bilder von Jack Yeats), gab er mir den Briefwechsel zwischen Yeats und Dorothy Wellesley, wobei er allerdings der Frage auswich, was er von Wellesley halte; immerhin hatte er das Buch lange Zeit behalten und meinte, es müsse mich interessieren. Immer wieder aber kam er auf Yeats' letzte Gedichte zurück und hielt mich dazu an, sie wieder und wieder zu lesen. Er schrieb selbst ja Texte über das Altern, wie hier zum Vergleich:

Age is when to a man
Huddled o'er the ingle
Shivering for the hag
To put the pan in the bed
And bring the toddy

She comes in the ashes
Who loved could not be won
Or won not loved
Or some other trouble
Comes in the ashes
Like in that old light
The face in the ashes
That old starlight
On the earth again.

Alter ist, wenn zu einem Mann,
hockend über dem Herd,
harrend auf das Weib,
daß es den Krug ins Bett steckt
und ihm den Grog bringt,
sie kommt, in der Asche,
die geliebt nicht zu gewinnen
oder gewonnen nicht zu lieben war,
oder irgendein anderer Ärger,
kommt, in der Asche,
wie in jenem alten Licht,
das Gesicht in der Asche,
jenem alten Sternlicht,
auf der Erde nun wieder.*

Betreffs literarischer Anspielungen – wer was erinnert – kam es zu einer seltsamen und etwas schmerzlichen Episode, wegen der Con Leventhal bald vierzig Jahre lang leisen Groll hegte. A. lernte Con und seine Frau Ethna (Sams alte Liebe) 1958 kennen, als er, ausgestattet mit Becketts Empfehlungsbriefen an alte Freunde und Trinity-Professoren, nach Dublin reiste. A. traf sich an den manchmal

* *Worte und Musik*

nüchternen Tagen seines dortigen Aufenthalts mit Con und Ethna, besuchte mit ihnen zusammen Pferderennen und Wirtshäuser. Kurz vor Cons Umzug nach Paris wollte mir Sam eine Vorstellung davon geben, was für ein humorvoller und beschlagener, witziger und lebhafter Mensch der alte Freund aus Trinity-Tagen war, und so berichtete er folgenden Vorfall: »Eines Nachts schlenderten Con und ich in Dublin den Liffeyfluß entlang; da sahen wir ein junges Pärchen in Umarmung. Con witzelte spontan: ›*Night's Young Thoughts.*‹« Beckett kapierte natürlich mit Vergnügen die Anspielung auf Youngs *Night Thoughts (Nachtgedanken)*. Con war literarisch umfassend gebildet; er kannte übrigens auch die Dichter seiner eigenen Generation, wie MacNeice zum Beispiel und andere, und hatte auch am Abbey Theatre mitgearbeitet (auch meine Gedichte kannte und las er im alten American Centre in Paris während einer von Patrick Bowles veranstalteten Dichterlesung).

Fast zwanzig Jahre später, an einem der letzten Abende, die A. und ich mit Con verbrachten, bevor er starb, erzählte er uns, nachdenklich sein nimmer-leeres Weinglas festhaltend (aus dem er angeblich nie trank, an dem er nur immer nippte): »Och, wißt ihr, Sam war nicht immer ein Heiliger. Einmal, nachts in Dublin, sahen wir ein umarmtes Liebespaar, und ich sagte: ›*Night's Young Thoughts.*‹ Das gefiel Sam natürlich, das gefiel ihm so sehr, daß er es als seinen eigenen Einfall ausgab.« Und sosehr ich auch sofort widersprach und ihm erzählte, wie Beckett mir damit Cons *Esprit* vorführte und mir damit überhaupt einen ersten Eindruck des Freundes vermittelte – Leventhal war nicht überzeugt und gab sich nach vierzig Jahren noch immer gekränkt.

Natürlich erwähnte ich Cons kleine Verstimmung Beckett gegenüber nie, und sie blieben bis zuletzt vertraute und treue Freunde.

Beckett zitierte auch Keats des öfteren; aus der »*Ode to a Nightingale*« erinnerte er »*full-throated ease*« (Gesang aus voller Kehle), »*To take into the air my quiet breath*« (daß [der Tod] meinen stillen Atem in die Luft entführe), »*While thou art pouring forth thy soul abroad*« (jetzt,

28 Alba, Noga, Anne und Sam beim Abendessen im Atelier, um 1981

wo du ausgießt deine Seele); und fand ähnliche Ekstatik in Shelleys *»Pourest thy full heart / In profuse strains of unpremeditated art«* (Gießest aus dein volles Herz / In üppig-ungekünstelten Weisen), zog aber Keats' Nachtigall der Feldlerche von Shelley vor. Er liebte auch Keats' Briefe, die ich erst in den siebziger Jahren las; Sam gegenüber erwähnte ich die *Negative-Capability*-Passage (Brief XXVI an George und Thomas Keats, 28. Dezember 1817), die er natürlich von seinen Keats-Studien her kannte; als ich die Stelle zitierte, wo *»a man is capable of being in uncertainties, mysteries, doubts, without any irritable reaching after fact and reason«* (ein Mensch ist fähig, in Ungewißheit, Geheimnis, Zweifel zu verharren, ohne nervös nach Fakten und Gründen die Hand auszustrecken), war er ganz Ohr und richtete sich wie elektrisiert bolzengerade im Stuhl auf: »... *irritable reaching after fact and reason* – ja«, wiederholte er, nachdem ich auf seine Bitte hin die Stelle noch mal gelesen hatte, »das ist es, fähig sein, im Ungewissen zu bleiben.« Er mußte nicht noch erklären, warum ihn das ansprach; die Verbindung zu seinem Werk war offenkundig.

DIE BIBEL

Beckett besaß mehrere Bibeln – außer der *Family Bible* allein drei in fremden Sprachen: *La Sainte Bible, L'Antico Testamento*, die Lutherbibel; dazu kamen eine Konkordanz und *The Book of Common Prayer*. Seine Mutter war Quäkerin, und Bibellektüre war wichtig. Als Protestant las er sowohl im Alten wie im Neuen Testament. Beckett las mit uns in den Psalmen – in der King-James-Fassung –, wir wechselten einander beim Lesen ab, während A. den hebräischen Urtext entweder las oder aus dem Gedächtnis rezitierte. Beckett bezog sich indirekt oft auf das Buch Hiob; seine Texte lassen sich leicht ins Hebräische übersetzen, weil im Englischen das Hebräische mit seinen biblischen Kadenzen mitschwingt – und biblische Assonanzen und Strukturen finden sich, wie auch natürlich bei vielen anderen Autoren, bei ihm allerorten, wie verkappt sie auch immer sein mögen. Zum Beispiel gebraucht er den Kohortativ – in der hebräischen Grammatik die auffordernde Form des Futurs, fast immer in der ersten Person – in *Lessness (Losigkeit)*: *»He will curse God again as in the blessed days«* (Er wird Gott wieder schmähen wie in der gesegneten Zeit), oder: *»He will stir in the sand … He will live again the space of a step«* (Er wird sich regen im Sandmeer … Im Treibsand noch einen Schritt zu den Weiten er wird ihn gehen.), und: *»It will be day and night again over him the endlessness the air heart will beat again«* (Es wird wieder Tag und Nacht werden über ihm den Weiten das Luftherz wird wieder schlagen), was wie ein Echo des »Unser Gott wird kommen und wird nicht Schweigen bewahren« aus den Psalmen klingt. »Ich werde nicht sterben, sondern leben … Ich werde Dich loben, mein Gott« aus den Propheten wird in *Losigkeit* verkehrt zu *»calm long last all gone from mind. He will curse God again as in the blessed days …«* (Seit jeher nur dies Beständige Traum die schwindende Stunde. Er wird Gott wieder schmähen wie in der gesegneten Zeit …)

Darüber hinaus erfindet Beckett Worte durch Verdichtung, wie *»lessness«* (Losigkeit) zum Beispiel, was auf hebräisch durchaus zu korrekter Syntax gehört. Der französische Dichter Yves Bonnefoy gab in einem Gespräch über Bibelübersetzungen der Vermutung Ausdruck, daß deutsche – allerdings stärker modulare – und englische Dichtung von der französischen deshalb so verschieden ist, weil die englischen und deutschen Bibelübersetzungen auf dem Hebräischen basieren, während die französische die Vulgata, also das Latein des Hieronymus benutzt; so überwiegen die lateinischen Anklänge und die (von Bonnefoy allerdings nicht erwähnte) förmlichere Struktur und Rhythmik des Gebetbuchs.

Beispielhaft für Becketts Gespür für Sprachen, die er nicht beherrschte (in diesem Fall das Hebräische), sind zwei Episoden; die eine betrifft *Das letzte Band*, die andere *Warten auf Godot*: Beckett hatte 1958 A. das Typoskript von *Krapp's Last Tape* zur Veröffentlichung in der ersten Ausgabe der hebräischen Vierteljahrsschrift *Qeshett* überlassen (noch vor der Übergabe zur Erstveröffentlichung in der *Evergreen Review*).* Der Herausgeber Aharon Amir schickte seine Übersetzung des Texts zur Prüfung an A., der sie mit Beckett durchging. Sam lauschte aufmerksam, Satz für Satz, und klopfte mit dem Finger aufs Pult, wenn er spürte, daß etwas nicht stimmte: »Zu viele Silben«, sagte er dann etwa, oder: »Zu lang.« »Nicht der richtige Rhythmus.« Und er hatte immer recht.

Später, 1965, korrigierte A. die *Godot*-Übersetzung von Moshé Shamir, wozu er zwei Wochen brauchte. Ich war diesmal (als gelegentliche Ratgeberin) zugegen, als A. mit Beckett die Übersetzung durchging: A. las immer zuerst Shamirs Version, dann seine eigene: Sam stoppte A. unweigerlich an eben den Stellen der Vorlage, die A. moniert hatte – auch da wieder harmonierte für ihn die Übersetzung nicht mit dem Original, und A.s Versionen wurden mit einem leichten Klopfen abgesegnet.

Im Neuen Testament war ihm das Lukasevangelium am nächsten,

* die das Stück in der Sommerausgabe brachte, während *Qeshett* es erst im Herbst abdruckte

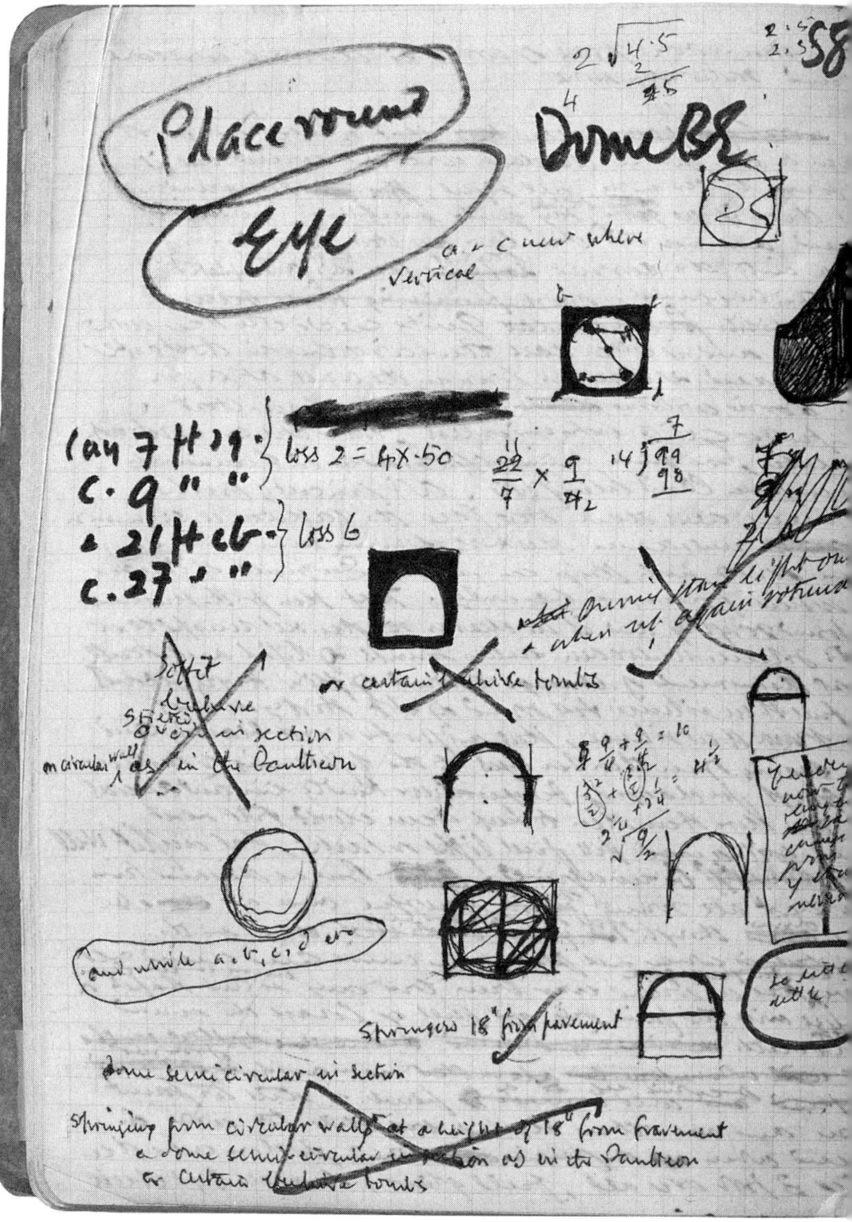

29 Zwei Seiten aus dem dreiundneunzigseitigen Manuskript *Imagination Dead Imagine (Ausgeträumt träumen)*, 17. August-19. März 1965

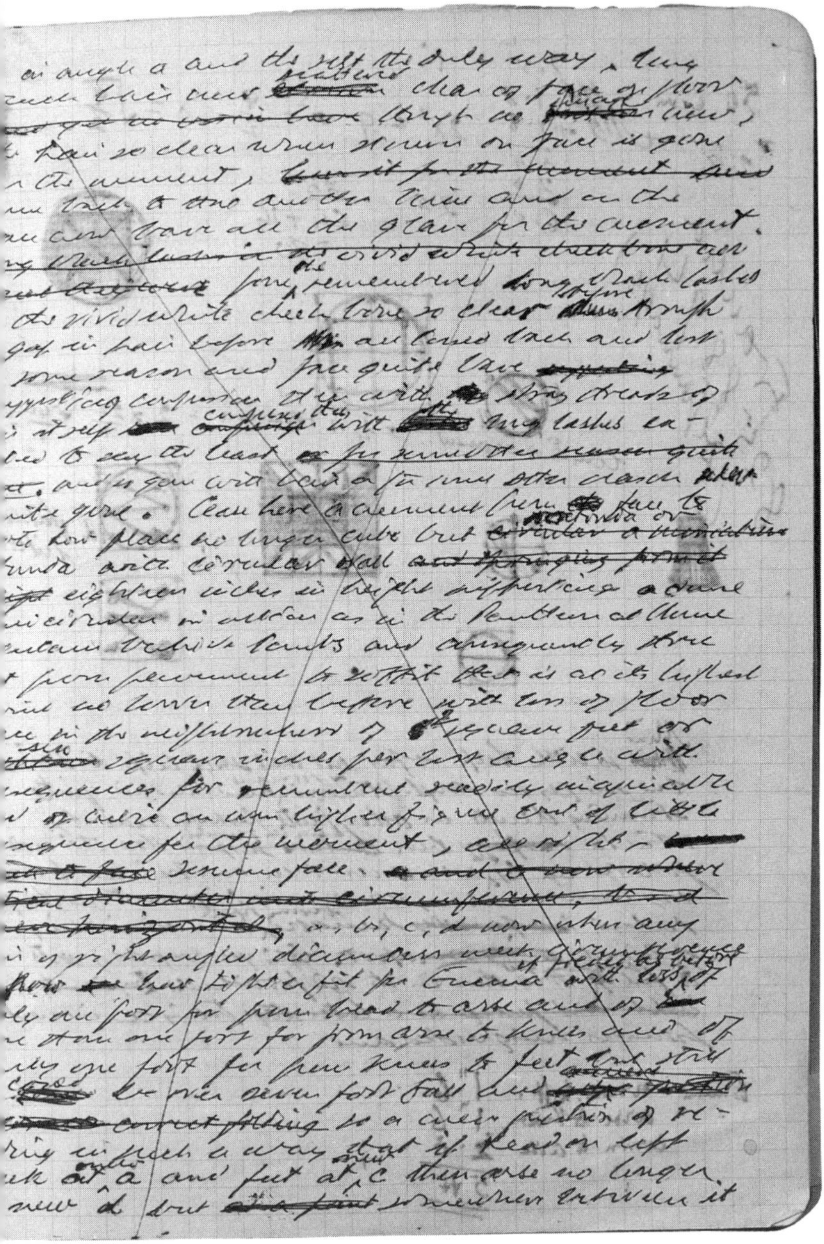
at angle a and the rest the only way. long
each back and scattered clear of face or floor
[illegible] lengths as [illegible] line,
hair so clear when down on face is gone
the moment, [illegible]
back to one another then and on the
now have all the glare for the moment.
[illegible]
[illegible] fine, the remembered long black lashes
the vivid white cheek bone so clear [illegible] through
[illegible] in hair before all turned back and lost
some reason and face quite bare [illegible]
[illegible] with [illegible] streaks of
itself [illegible] with [illegible] long lashes [illegible]
to say the least [illegible]
and is gone with [illegible] some other reason [illegible]
gone. Clear here a moment from face to
how place no longer cube but rotunda or
rotunda with circular wall [illegible]
[illegible] eighteen inches in height supporting a dome
semicircular in section as in the Pantheon at Rome
certain Byzantine tombs and consequently three
from pavement to summit that is at its highest
[illegible] no lower than before with [illegible] of floor
in the neighbourhood of [illegible] square feet or
[illegible] square inches per body [illegible] with
consequences for pavement [illegible]
of body on [illegible] figure [illegible] of little
consequence for the moment, all right [illegible]
[illegible] supine face. [illegible]
[illegible]
[illegible] a, b, c, d now [illegible] any
of right angled diameters with circumference
[illegible] tight fit for [illegible] with [illegible]
[illegible] one foot for from head to arse and of
[illegible] one foot for from arse to knees and of
[illegible] one foot for from knees to feet [illegible] still
[illegible] be over seven foot tall and [illegible]
[illegible] correct fitting so a clear picture of [illegible]
[illegible] in such a way that if head on left
[illegible] at a and feet at c then arse no longer
[illegible] d but [illegible] somewhere between it

dessen Darstellung Jesu ja auch* den Urtext am treuesten bewahrt, was Beckett intuitiv begriffen hatte. Er rezitierte gerne die Parabel vom reichen Mann (Lukas 12, 16), wobei er zunächst das Vorhaben des Begüterten sarkastisch referierte, dann aber donnerte: »Du Narr, diese Nacht wird man deine Seele von dir fordern, und wes wirds sein, das du bereitet hast?« Er sah dabei so streng wie ein Prophet des Alten Testaments drein. (Die anderen Bücher des Neuen Testaments, vor allem das Markusevangelium, hinterließen ebenfalls Spuren in Becketts Werk.)

A. las uns oft aus dem Alten Testament die Kapitel (1. Könige, 21, 22) über Elias' Strafandrohung, da Ahab Naboths Weinberg begehrt, dann Nathans Bußpredigt (2. Samuel, 12), als David die Ehe bricht; ein- oder zweimal las A. auch die ersten Kapitel des Buchs Samuel auf hebräisch, was Beckett von den Rhythmen in der King-James-Fassung her vertraut klingen mochte. Jedenfalls hörte er gern zu, wenn A. das 4. Kapitel aus dem Buch Jona auf hebräisch las. Wenn Gott Jona fragt – nachdem der Wurm den schattenspendenden Rizinus und die Sonne Jonas Kopf zerstochen hat –, ob er »billig zürne«, antwortet Jona in der King-James- und der Lutherübersetzung: »Billig zürne ich bis an den Tod«, wobei die idiomatischere Übersetzung lauten müßte: »Ich bin erledigt« – *»I've had it«* – *»J'en ai marré«*.

Er fragte sich oft, was wohl Jesus (Johannes 8, 6) in den Sand geschrieben hat, als ihm die Pharisäer eine Ehebrecherin vorführten. Auf Jesu Persönlichkeit und Beispielhaftigkeit wird in Becketts Werk immer wieder verwiesen. Gern zitierte er spöttisch aus den Sprüchen im Alten Testament die Verdammung seiner eigenen angeblichen Trägheit: »Gehe hin zur Ameise, du Fauler«, und wußte – im Gegensatz zu den meisten anderen Leuten – auch die Fortsetzung des Spruchs: »Siehe ihre Weise an und lerne.« Im *Godot* zitierte

* laut neueren Forschungen, so von David Flusser in seinem Buch *Jesus*, Jerusalem 1997

er auch Augustinus' Trost: »Verzweifle nicht: einer der Schächer wurde erlöst; überheb dich nicht: einer der Schächer wurde verdammt«, was einer Stelle im Prediger Salomo entspricht. (Wladimir: »Man sagt, der eine sei erlöst worden und der andere ... *er sucht das Gegenteil von erlöst* ... verdammt.«) Wir sprachen oft über die Übereinstimmungen und Unterscheidungen zwischen jüdischen und christlichen Quellen. Immer ging es ihm dabei um die Wahrhaftigkeit, die ein Autor seinen Sätzen abgewinnen muß, was wenig zu tun hatte mit religiöser Gläubigkeit.

Manchmal aber waren wir im Zweifel. Die Iren gehen mit Gott doch wohl recht schonend um. Sam behielt das irische *»God bless«* (Gott befohlen) für Lebwohl und das *»Please God«* (So Gott will); für Glückwünsche bei. Im *Godot* behauptet Estragon auf Wladimirs Vorwurf, er könne sich nicht mit Christus vergleichen: »Mein Leben lang hab ich mich mit ihm verglichen.« Bei Erwähnung beispielhafter Figuren im Alten Testament sprachen wir auch über Abraham und Moses, über Erbarmen und Mitleid – im Hebräischen sind »Mitleid« *(rahamin)* und »Schoß« *(rehem)* etymologisch verwandt. Tiefsten Eindruck machte ihm die Geschichte von den Rabbis, die das Ende der Welt besprechen und dabei festhalten, daß dann absolute Gerechtigkeit ergehen werde – worauf einer von ihnen, Rav Ulla, hinzufügt: »Möge ich diesen Tag nie erleben« (Babylonischer Talmud, Sanhedrin, 68). Zustimmendes Auflachen Becketts: Das war etwas, das er selbst gesagt haben könnte.

JOHNSON

Dr. Johnson war ein Gesprächsthema, das ihn todsicher immer belebte, wie deprimiert er auch zuvor noch gewesen war. An vielen Abenden war er, wie schon erwähnt, wortkarg und verschlossen und bedeckte seine Augen mit den Händen; auf Fragen antwortete er dann zwar immer höflich, aber mechanisch, bis Johnsons Name fiel! Ich setzte ihn ein wie Whisky oder Medizin. In Johnson schmökerte er beständig als einer Quelle schieren Vergnügens; und er wußte es zu schätzen, daß auch ich im Interesse unseres Gesprächsflusses das so empfand. Daß ich andererseits Jane Austen als ein solches »Vergnügen« erlebte – und sie außerdem für eine große Romanautorin hielt –, konnte er absolut nicht verstehen, selbst wenn ich ihn daran erinnerte, daß Walter Scott im Vergleich zu Austens Stil seine eigene Schreibe als »großsprecherische Wau-Wau-Manier«* beschrieb**.

In jüngeren Jahren hatte er sich Tom MacGreevy gegenüber ganz anders über Jane Austen geäußert (wie ich erst beim Lesen von Knowlsons Biographie entdeckte). Er hatte sich sogar mit seiner Mutter zusammen Austens Haus angesehen und sprach von ihr als der »göttlichen Jane«: »Sie hat mir viel beigebracht.« Das hat er später nicht mehr durchblicken lassen. Beim Überdenken, was ihm wohl später an Jane Austen nicht mehr akzeptabel war, läßt sich folgendes vermuten: vielleicht die Eigenart, daß Tugend und Anstand in gewisser Weise belohnt werden, manchmal sogar materiell, manchmal nur durch den Beifall des Betrachters. Vulgäres und gefühlloses Benehmen wird gestraft, gezüchtigt, wobei allerdings Tugend ebenso wie Laster Janes feinen Sinn fürs Lächerliche wachhalten. Eine zuweilen bedrückend geschlossene Welt. Die tiefe Unzufriedenheit und Hilflosigkeit bei einigen ihrer Frauengestalten findet doch eine Art Lösung (und später bei Virginia Woolf haben sie dann ja ein eigenes Zimmer, ohne auf einen Gatten oder sonst-

* Mit »Bow Wow Theory« wird eine Spielart der onomatopoetischen Schreibweise charakterisiert (Anm. des Übersetzers).

** während die exquisite »Beschreibung von Verwicklungen und Gefühlen aus dem Leben gegriffener Durchschnittsmenschen« Jane Austens wundervolles Privileg bleibe (*The Journal of Walter Scott*, Edinburgh, 1998). Fünfzig Jahre zuvor hatte allerdings Boswell Lord Pembroke bereits folgendermaßen zitiert: »Dr. Johnsons Aussprüche kämen einem nicht so außerordentlich vor, wären sie nicht in dieser Wauwau-Manier vorgetragen.« (Boswell, *The Life of Samuel Johnson*, Eintrag am 27. März 1775)

wen angewiesen zu sein). War vielleicht in Becketts Sicht Jane Austen, wie Bach im anderen Metier, geistig zu sehr in die Heilsgewißheiten ihrer Epoche eingebettet? Denn für Beckett war es nur die Sprache, die eine wahrhaftige Spur von dem »Wie es ist« hinterläßt, obgleich auch er sich im Humor Erleichterung verschaffte. Doch »Belohnung« – das war ein Wort, das ihm in seiner Redlichkeit, die sein Rückgrat gleichsam wie ein Docht durchzog, widerwärtig sein mußte.

Er hatte zahllose Bücher über Johnson, wie auch eine Ausgabe seines *Dictionary* von 1799. Eines Tages war er, auf Besuch bei uns, besonders wohlgelaunt, und nachdem er eine Zigarre angeraucht und sich kurz die Nase gerieben hatte, sagte er plötzlich: »Las gerade in Johnsons *Dictionary* – seine Definition von ›*lamentation*‹: ›*audible wail*‹« (Klagelied: Hörbares Gejammer). Er hatte sogar ein Stück über Johnson geschrieben, das er aber als Jugendsünde abtat. Johnsons Gespräche waren für ihn – trotz dessen notorischen Wutanfällen – beispielhaft für Kultiviertheit und Ausgewogenheit, exemplarisch auch seine Herzensgüte und Gastfreundschaft gegenüber Armen und Hilfsbedürftigen. Lord Chesterfields Benehmen, wie in Johnsons Brief an den »*Noble Lord*« beschrieben, erregte seinen Unwillen – er zitierte auswendig daraus (»*Is not a patron, my Lord ...*«); Johnsons Unlust, einmal »in Geistlosigkeit zu versinken«, anerkannte er grinsend; mit Mrs. Thrale, ihren Vorzügen und ihren Problemen, sympathisierte er, und so fort. Abwechselnd riefen wir uns Stellen, die wir besonders mochten, ins Gedächtnis zurück – ich hauptsächlich dem Sinn nach, Sam natürlich wörtlich. Nachdem ich ihm Boswells Weitergabe einer Bemerkung Johnsons über Robert Burtons *Anatomy of Melancholy* vorgelesen hatte – »das einzige Buch, das ihn [Johnson] zwei Stunden früher als gewünscht aus dem Bett trieb« –, brachte mir Sam beim nächsten Besuch seine schöne dreibändige Burtonausgabe mit.

In späteren Jahren wollte Beckett möglichst viele Bücher loswerden – nicht den Dante natürlich, den er in vielen Ausgaben hatte (eine besonders schöne verschenkte er dann doch – an meine Tochter Noga ein Jahr vor seinem Tod –, er hatte vergessen, daß A. ihm ebendieses Buch dreißig Jahre zuvor verehrt hatte). Auch Johnsons *Dictionary* gab er nicht aus der Hand (wiederum Noga erhielt von ihm aber *The Poetical Works of Samuel Johnson* [1785]). Mir gab er George Moores dreibändiges Werk *Hail and Farewell*, das Szenen, Land und Leute beschrieb, die ihm vermutlich sehr vertraut waren (er erwähnte auch Moores *Esther Waters*). Manchmal tauschten wir auch Bücher aus, die wir gerade gelesen hatten (eines, das ihn sehr ansprach, war David Arkells *Looking for Laforgue*, das ich von Istomin hatte); wir sprachen viel über Laforgue, und wie oft er die Rue Berthollet erwähnt, wo er wohnte, ganz in der Nähe unserer beider Adressen. Unabhängig voneinander schauten wir uns die blaue Tür von Nummer 5 an, die ihm so wichtig war. Ich versuchte den Stadtrat zu einer Gedenkplakette am Haus zu überreden, aber ohne Erfolg.

Beckett gab geliehene Bücher immer zurück, auch wenn er sie gut fand, wie zum Beispiel Saul Bellows *Herzog*, das ich ihm zu lesen gegeben hatte, oder Ludwig Marcuses *Loyola*, wofür ihn A. interessierte. Auch andere amerikanische Autoren schätzte er, so zum Beispiel Malcolm Lowry, der, Engländer allerdings, in den USA drei Romane geschrieben hatte, wobei Beckett *Under the Volcano* besonders hervorhob; von den Dramatikern kannte er Edward Albee und Israel Horowitz. Öfter sprachen wir jedoch über englische Autoren. Ein einziges Buch, das ich ihm lieh, hätte er dann doch gerne behalten: Im Herbst 1988 war ich in New York auf Walter Jackson Bates relativ neue Biographie über Dr. Johnson gestoßen – und war so davon gefesselt, daß ich drei Tage lang mein Zimmer nicht verließ. Zurück in Paris erzählte ich Beckett davon (der damals bereits in das Altenheim »Le Tiers Temps« umgezogen war). Er reagierte etwas skeptisch und wies darauf hin, daß er doch von Boswell an alles über Johnson kenne: Hester Lynch Piozzi, Hawkins, usw. ... Ich drückte ihm das Buch dennoch in die Hand, denn einiges Material

darin konnte er nicht kennen. Ich mußte nicht lange auf ein Echo warten. Zum ersten und einzigen Mal fragte er, ob er das Buch behalten könne, wobei mir sein unverwandter, durchdringender Blick zu sagen schien: »Da kannst du nicht Nein sagen, tut mir leid.«
Wir sprachen dann auch darüber: Johnsons unglückliche Zeit in Oxford, wie er sich schämt, nicht die richtigen Schuhe zu haben; wie ihm der Kommilitone Oliver Edwards zu verstehen gibt: »Ihr seid ein Philosoph, Dr. Johnson, ich habe das zu meiner Zeit auch sein wollen, aber ich weiß nicht wieso, irgendwie ist immer die Vergnüglichkeit dazwischengekommen.« Sam sprach oft auch von anderen, die mit Johnson in Berührung kamen; da war zum Beispiel der außerordentliche George Psalmanazar, oder »Kit« Smart und sein Freundeskreis, Garrick, Burney, Goldsmith, usw. – Beckett sprach von ihnen wie von alten Bekannten, was sie für ihn ja auch waren.

DANTE

Johnson war sein Gesprächspartner, Dante aber sein Mentor. Wie erwähnt, hatte er mehrere Ausgaben, und mir empfahl er immer nachdrücklich die Cary-Übersetzung. Zitate aus Dantes Werk, Verweise und Anspielungen sind in Becketts Schriften, im Früh- wie auch im Spätwerk, häufig zu finden. Als junger Mann in Florenz trug er offenbar immer eine Taschenausgabe der *Commedia* mit sich herum. (Er erinnerte sich auch gern, bei Erwähnung von *Inferno* und *Purgatorio*, an seine Italienischlehrerin Bianca Esposito, in deren Haus und Familie am Rand von Fiesole er als Einundzwanzigjähriger einige Zeit zubrachte.)
Einmal, im Jahr 1968, zitierte er einen langen Passus aus Boccaccios Dantetraktat, den ich nicht schnell genug mitschreiben konnte; beim nächsten Mal diktierte er mir geduldig die Stelle, die von Dantes Pfauentraum handelte. (Mit derselben Höflichkeit hatte er mir

auch das früher erwähnte Gedicht von Voiture diktiert.) Er skizzierte mir aus dem Gedächtnis die wichtigsten Stellen, die eine Rechtfertigung der Struktur und Sprache der *Göttlichen Komödie* darstellen – mit einem Pfau als zentraler allegorischer Figur. (Er bezeichnete mir damals auch die Quelle, wo er zuerst darüber gelesen hatte, aber das habe ich mir nicht notiert.)

I Die hundert Augen des Pfaus, oder sein Gefieder, sein Rad = die hundert Gesänge der *Göttlichen Komödie*: 3 x 33 + 1. *Prolog* und *Inferno* bestehen aus 34 Gesängen. *Purgatorio* aus 33. *Paradiso* aus 33.*

II Die grelle Stimme des Pfaus korrespondiert mit Dantes scharfem Ton bei der Sündenschelte.

III Das schöne Federkleid steht im Gegensatz zu den häßlichen Füßen, die der »vulgären« toskanischen Mundart entspricht, die Dante einsetzt.

IV Das unverwesliche Fleisch des Pfaus entspricht dem Aroma der unverderblichen Wahrheit.

Als er an die Stelle mit dem »Aroma der unverderblichen Wahrheit« kam, wurde seine Stimme seltsam brüchig und dringlich wie bei einem Credo, was mir bis zum heutigen Tag im Ohr geblieben ist.
Aus dem *Inferno* zitierte er viel und auch, was Joyce dazu gesagt hatte. Aus dem *Purgatorio* (Canto 13, 89) intonierte er die Stelle:

* Dante als Becketts Vorbild für mathematische Präzision ist hier zu ahnen; Beckett, als guter Mathematiker, der er war, fand oft numerische Lösungen für choreographische und dialogische Probleme in seinen Stücken und Romanen, wie schon angedeutet.

Si che chiaro
Per essa scenda della mente il fiume.

daß klar hindurch dann
Der Strom des Geistes sich ergießen möge.
[Übersetzung: Philalethes]

– und erinnerte daran, daß Joyce meinte, im Wort *fiume* töne die Reue über das Vergangene mit.

Schon im ersten Jahr unserer Bekanntschaft, 1959, hörte ich ihn auch Petrarca zitieren: »*chi può dir com' egli arde, è 'n picciol foco*«; an dieses Zitat, das besondere Bedeutung für ihn hatte, erinnert sich auch A. schon von Anfang der fünfziger Jahre her. Italienisch, und schon gar Petrarcas Italienisch, war mir damals noch nicht geläufig, und so übersetzte er für mich: »Wer weiß, daß er brennt, brennt auf kleiner Flamme.« Auf einer Postkarte an A. findet sich auch die Herkunft: Sonett CXVIII aus der Sequenz *In Vita di M. Laura*, dessen Incipit lautet: »*Più volte già dal bel sembiante umano.*« Und das letzte Terzett:

E veggi' or ben, che caritate accesa
Lega la lingua altrui, gli spirti invola.
*Chi può dir com' egli arde, è 'n picciol foco.**

Jetzt weiß ich doch, daß übermäß'ge Liebe
Die Zunge lahmt, den Geist entmannt.
Wer sagt, er brenne, brennt auf kleiner Flamme.

* Erst kürzlich entdeckte ich, daß auch Montaigne in seinen *Essais* (Kapitel II) diese Verszeile zitiert, doch im Zusammenhang mit Liebenden, die eine nicht auszuhaltende Leidenschaft darstellen wollen. Für Beckett umfaßte diese Stelle wohl *alle* unmäßigen Leidenschaften.

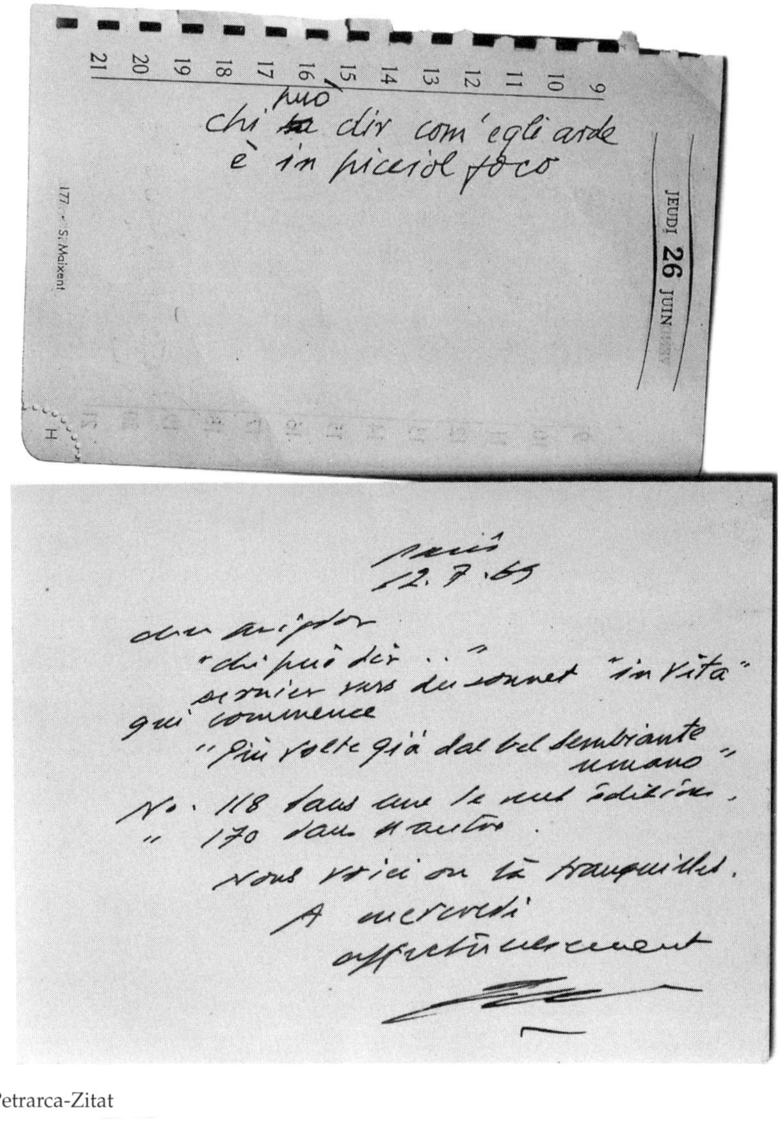

30 Karte mit Petrarca-Zitat

Wir fanden dann diese Petrarca-Zitate in der zweibändigen Ausgabe der *Rime di Messer Francesco Patrarca* (Classica Biblioteca Italiana), die Beckett schon als Zwanzigjähriger erstanden hatte und viel später dann an A. weitergab. Interessant war uns dabei, daß das betreffende Sonett nicht im von Beckett stark annotierten zweiten, sondern im ersten Band steht, der keine Anmerkungen aufweist. (Die von ihm zitierte Stelle erinnerte mich außerdem an das früher erwähnte Lear-Zitat: »The worst is not; So long as we can say ›*This is the worst*‹« – womit Beckett Jocelyn Herbert zu trösten suchte, als sie den Tod ihres Lebensgefährten George Devine betrauerte.)
Inbegriffen ist hier Becketts stoische Haltung dem Leben gegenüber, dem gegenüber, was man ertragen muß, woran nicht zu rütteln ist – und dies trotz seiner Hinneigung zu Leopardi, Schopenhauer, Cioran, trotz oder eher nicht im Widerspruch zu der tief empfundenen Tragik und Hoffnungslosigkeit der conditio humana. Leopardis »Dialog zwischen Plotinos und Porphyrios« *(Operette morali)* nimmt mit seiner Ironie, Desillusioniertheit und in Schach gehaltenen Verzweiflung viel von Becketts existentieller Sicht vorweg (wir haben allerdings über dieses Werk nie gesprochen). In diesem Gespräch behält Plotin das letzte Wort – daß man durchhalten muß: »Laßt uns ohne Aufbegehren das vom Schicksal unserem Geschlecht zugemessene Leidensmaß ertragen.«
Die Durchhaltefähigkeit hatte bei Beckett vielleicht auch mit seiner Sportlichkeit zu tun. (Seine Sportbegeisterung ließ ihn Besuchsvereinbarungen an Samstagnachmittagen meiden, wenn internationale Rugbyspiele im Fernsehen übertragen wurden.) In seiner Jugend war er, wie vielfach bezeugt, ein tüchtiger Cricketer, Schwimmer und Wanderer. Sam schien wie alle Sportskanonen viel aushalten zu können: »Ich kann nicht weitermachen. Man muß weitermachen, ich werde weitermachen.« (Das letzte Wort des »Namenlosen«.) A. gegenüber kommentierte er Giacomettis Theorie des Scheiternmüssens (die der seinen so nahe kommt und doch ent-

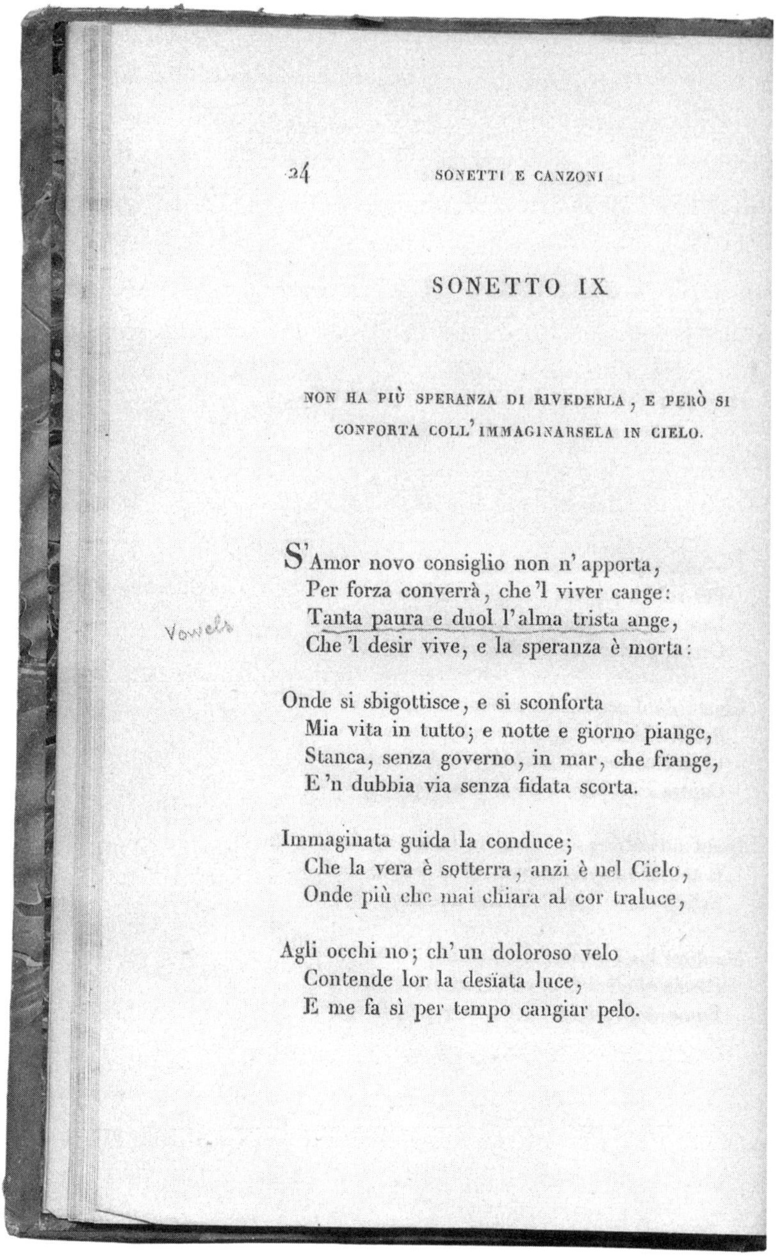
24 SONETTI E CANZONI

SONETTO IX

NON HA PIÙ SPERANZA DI RIVEDERLA, E PERÒ SI CONFORTA COLL' IMMAGINARSELA IN CIELO.

S' Amor novo consiglio non n' apporta,
Per forza converrà, che 'l viver cange:
Tanta paura e duol l' alma trista ange,
Che 'l desir vive, e la speranza è morta:

Vowels

Onde si sbigottisce, e si sconforta
Mia vita in tutto; e notte e giorno piange,
Stanca, senza governo, in mar, che frange,
E 'n dubbia via senza fidata scorta.

Immaginata guida la conduce;
Che la vera è sotterra, anzi è nel Cielo,
Onde più che mai chiara al cor traluce,

Agli occhi no; ch' un doloroso velo
Contende lor la desïata luce,
E me fa sì per tempo cangiar pelo.

31 Eine Seite aus Becketts Petrarca-Ausgabe *(Le Rime di Messer Francesco Petrarca)*

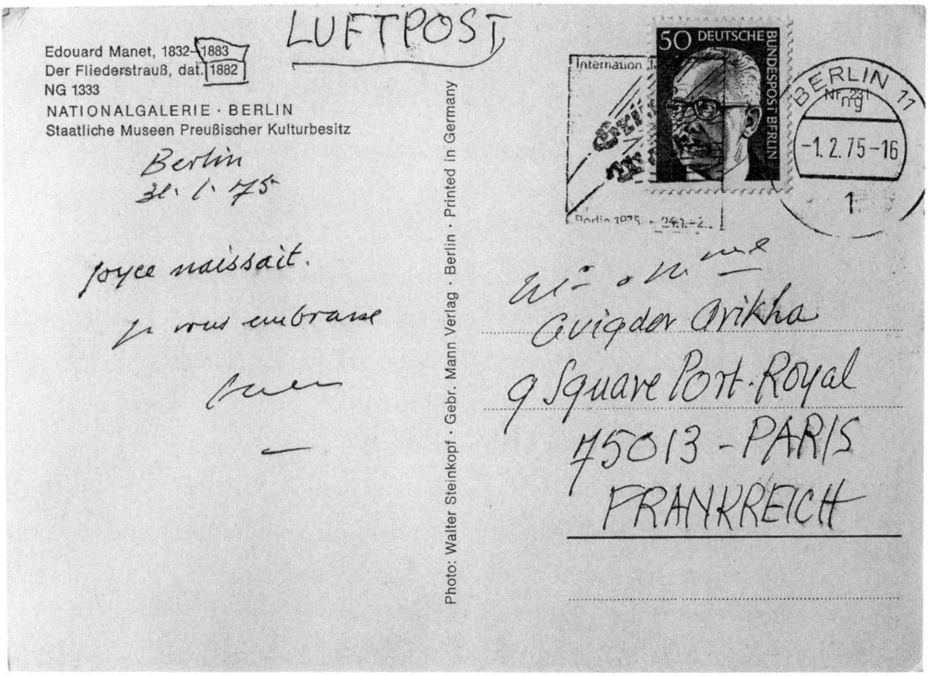
Edouard Manet, 1832–1883
Der Fliederstrauß, dat. 1882
NG 1333
NATIONALGALERIE · BERLIN
Staatliche Museen Preußischer Kulturbesitz

LUFTPOST

Berlin
31. 1. 75

Joyce naissait.

Je vous embrasse

Photo: Walter Steinkopf · Gebr. Mann Verlag · Berlin · Printed in Germany

50 DEUTSCHE BUNDESPOST BERLIN

BERLIN 11
-1.2.75-16

M. et Mme
Avigdor Arikha
9 Square Port-Royal
75013-PARIS
FRANKREICH

32 »Joyce geboren.«

scheidend davon abweicht): *»l'échec à récupération«* (das Schachmatt für jedes Wiedererstehen); damit ging er nicht konform. Die Petrarcastelle und die *Lear*-Sentenz waren im Gegensatz dazu wie ein (verlorener) Schlachtruf.

Beckett versah mich auf Wunsch immer prompt mit Zitaten und Übersetzungen, vor allem aus dem Lateinischen. Er genoß offenbar die Herausforderung, das Auffrischen seiner eigenen Sprachkenntnisse. Mit den üblichen lateinischen Floskeln und Vokabeln, die man nachschlagen kann, verschonte ich ihn, aber bei längeren Passagen wandte ich mich an ihn. Er notierte sich dann immer die fraglichen Sätze, brütete darüber eine Weile daheim und sandte mir seine Lösungen per Post.

Oft sprach er über seine Beziehungen zu Joyce und Joyces Kindern. Am 31. Januar 1975 schrieb er uns eine Karte mit dem einen Satz: *»Joyce naissait.«* (Joyce geboren).

Wann immer wir im Le Mont Blanc dinierten – einem Restaurant unweit der Rue Casimir Perrier –, erinnerte uns Sam an Paul Léon, der nahebei gewohnt hatte (manchmal war auch Henri Michaux dabei). Léon war führendes Mitglied der Résistance-Zelle gewesen, zu der dann auch Beckett gehörte. Er gedachte trauervoll der geselligen Abende bei den Léons, bevor Paul verhaftet und interniert wurde und schließlich im Konzentrationslager starb. Léon hatte mit Beckett das *Anna-Livia-Plurabelle*-Kapitel aus *Finnegans Wake* übersetzt. Von seiner eigenen Tätigkeit in der Résistance sprach er selten. Vor James Knowlsons intensiven Nachforschungen war dieses Kapitel in Becketts Leben wenig bekannt – nur wenige Freunde wußten aus Becketts Andeutungen einiges darüber. Gabrielle Buffet-Picabia, die wie Sam und Suzanne Mitglied derselben Widerstandsgruppe war und sich durch besondere Tapferkeit ausgezeichnet hatte, erzählte in den fünfziger Jahren A. die Einzelheiten ihrer Aktivitäten und ihrer Flucht aus Paris in den Süden Frankreichs, was alles Sam dann bestätigte. Aber Näheres erfuhren wir nicht von ihm; vielleicht hemmte ihn die Erinnerung, daß A. selbst in einem Konzentrationslager war? Oder auch seine natürliche Bescheidenheit?

Über Becketts Verhältnis zu Joyce ist viel geschrieben worden, aber eine Anekdote, die Sam A. erzählte, wurde, glaube ich, nirgendwo sonst kolportiert: Eines Tages kam René Crevel zu Joyce mit dem zweiten surrealistischen Manifest, womit Joyce unter der Hand motiviert werden sollte, der Gruppe beizutreten. Joyce hielt sich den Text nah vor die Augen und fragte nach langem Schweigen: »*Pouvez vous justifier chaque mot?*« (Können Sie jedes Wort rechtfertigen?) Schweigen. Dann Joyce noch: »*Car moi, je peux justifier chaque syllabe.*« (Ich nämlich kann jede Silbe rechtfertigen.)

Auch Swift gehörte zu Becketts Zitatenschatz, zum Beispiel das unvertraute Gedicht, das er mit Tom Sheridan geschrieben hat:

All devouring, all destroying
Never tired, never cloying
Never finding full repast
Till it eats the world at last.

Allzerstörend, alles kröpfend,
Nimmersatt und nie erschöpfend,
Niemals findend satt zu essen,
Bis zuletzt die Welt gefressen.

Oft zitierte er auch Swifts berühmte Grabschrift und meinte dazu, er sei ja in Irland in einem Käfig gewesen. In heitererer Stimmung fiel ihm einmal John Gays Grabspruch ein:

Life is a jest and all things show it.
I thought so once and now I know it.

Ein Witz das Leben offensichtlich.
Dachts früher schon, jetzt weiß ichs richtig.

Bei Erwähnung Housmans erinnerte er uns an zwei Zeilen aus »*When I watch the living meet*«, die er sehr komisch fand:

And the bridegroom all night through
Never turns him to the bride.

Und der Bräutigam die ganze Nacht
wandte nie der Braut sich zu.

»Die sollten doch wirklich besser miteinander stehn« (und das trotz des unglücklichen Umstands, daß beide tot waren). Oft auch wies er achtungsvoll, ja sogar wärmstens auf Jeremy Taylors *Holy Dying* (Heiliges Sterben) hin, wie auch auf Sir Thomas Brownes *Urn Burial*

(Urnenbegräbnis), die ich auf sein Drängen hin beide zu lesen begann. Beckett war verwundert und etwas enttäuscht, daß ich mit dem erstgenannten Buch nicht zurechtkam, während Brownes *Urn Burial* und *Religio Medici* mir eher zusagten und relevant schienen, und so bezog er sich dann bei mir lieber darauf. Auch Donne kannte er, zitierte aber nichts von ihm, und bei Erwähnung der *Elegies* verstummte er, als ich *»Death be not proud«* intonierte (Tod, überheb dich nicht). Oft sprach er von Sor Juana Inés de la Cruz, die er zusammen mit Octavio Paz übersetzt hatte; und von Racine und Versdramen im allgemeinen.

Die folgende Passage aus Becketts Berliner Tagebuchnotizen (Januar 1937) nimmt gleichsam vorweg, wie Beckett (in dem weiter unten memorierten Gespräch vom 10. Oktober 1974) über T. S. Eliots Dramen (und früher schon über die »Unaufführbarkeit« von *King Lear*) urteilte: Nach einer Aufführung von Hebbels *Gyges und sein Ring* notierte er sich, daß er nun genug gesehen habe, um von folgendem überzeugt zu sein: »Das poetische Theaterstück kann als Stück nie zum Zug kommen, auch nicht wenn es als Dichtung aufgeführt wird; denn die Worte verunklären die Handlung und werden von ihr verunklärt. Das Stück ist so gute Dichtung, daß es nie und nimmer lebendig wird … Racine treibt es in diesem Sinne nie so weit, betont das Wort nie in diesem Sinn, und deshalb sind seine Stücke nicht ›poetisch‹, d. h. undramatisch, in diesem Sinn.«*

Und doch mindert das Poetische als integraler Bestandteil von Becketts Stücken keineswegs deren Wirkung, sondern erhöht sie eher noch.

Oft rezitierte Beckett auch, unisono mit uns (gleichsam geteilte Freude an den bevorzugten Zitaten), Sir Walter Raleighs [letztes, 1618 in der Nacht vor seiner Hinrichtung geschriebenes] Gedicht:

* Knowlson, *Samuel Beckett*, Eine Biographie, Suhrkamp 2001, S. 318 f. Übrigens meinte auch Walter Scott, ein Stück »sollte vielleicht im Interesse seiner Wirksamkeit nicht zu poetisch sein« (Tagebucheintrag).

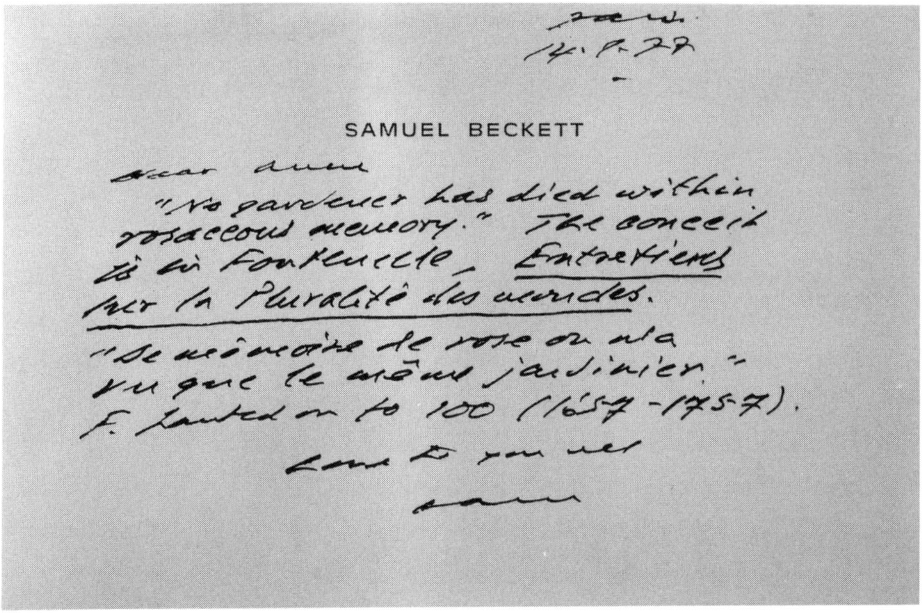
Paris.
14.9.77

SAMUEL BECKETT

dear Anne

"No gardener has died within rosaceous memory." The conceit is in Fontenelle, Entretiens sur la Pluralité des mondes.

"De mémoire de rose on n'a vu que le même jardinier."

F. lasted on to 100 (1657-1757).

Love to you all

Sam

33 Becketts Übersetzung von Fontenelles *»mémoire de rose«*

Even such is tyme, that takes in trust
our youth, our joies and what we have,
And paies us but with earth and dust
which in the dark and silent grave
when we have wandred all our waies,
shuts up the storie of our daies.

So nimmt auf Treu und Glauben uns die Zeit
Jugend und Frohsinn, alles, was wir haben
und zahlt doch nur mit Erde uns und Staub
was in dem düsteren und stillen Grab
wenn wir die Wege alle abgewandert,
den Mund uns stopft, das Lied der Tage schließt.

Seine geistreiche Übersetzung von Fontenelles Satz aus *Entretiens sur la pluralité des mondes* schrieb er uns auf: *»De mémoire de rose on n'a vu que le même jardinier«* (Seit Rosengedenken hat die Blume immer nur denselben Gärtner gesehen): »*No gardener has died within rosaceous memory.*« (Seit Rosengedenken ist nie ein Gärtner gestorben.)

Er hat auch Rimbaud, Breton, Éluard und Crevel übersetzt; und sprach oft von Gérard de Nerval, Joachim Du Bellay, Chateaubriand (vor allem *René* interessierte ihn), Montale, Leopardi (der immer Schopenhauer nach sich zog, der Beckett verständlicherweise äußerst wichtig war) und anderen italienischen und spanischen Dichtern. Zeitweilig fühlte man sich bei den Erläuterungen in ein Seminar am Trinity College versetzt, wo Beckett als Student den Professoren Thomas Rudmose-Brown, R. B. D. French, H. O. White gelauscht hatte, deren Wissen einem Dichter Flügel verlieh, der sich immer dankbar und anhänglich bezeigte.

Was folgt ist ein Auszug aus den Notizen, die ich mir damals gemacht habe:

Oktober 1970

Nach Becketts Augenoperation (Grauer Star) am 14.: Die Klinik (Clinique de Sainte Marie de la Famille am Boulevard Arago) ist eine kurze Gehstrecke von unserem Haus entfernt. Blätter schon in Schichten auf dem Boden Anfang Oktober. S. schlurfte liebend gern durchs Geraschel; erzählte uns jeden Herbst, wie er das immer mit seinem Vater getan hatte. Die Klinik ist ein altes Haus, eine Art Kloster, dunkelbraune Holztreppen; knarrende Türen, solid, wie auf Bildern von van der Weyden. Eine Nonne geht vorbei, weiße Haube, Schleier, Dreiecksgesicht, gesenkten Blicks. Sams Zimmer ist als »Sainte Marguerite« beschildert. Wir klopfen pünktlich zur verabredeten Zeit; er öffnet die Tür in weinrotem Schlafanzug, das linke Auge bandagiert, brüchige Stimme, Kuß. Murmelnd erfreut. Zurück ins Bett. Obst auf dem Kaminsims. Mehr wie ein englisches Zimmer in einem alten Herrenhaus. Hohe Decke, eisernes Bettge-

stell, Aussicht auf den Garten vom Fenster, mehrere Stühle. Wir scharen uns ums Bett. Berichtet, wie es verlief, Anflug von Erleichterung. »Anästhesie? Nichts gespürt, *un délice, c'était un délice*« (war ein Vergnügen); aber als die Augenbinde entfernt wurde, gab es augenblickslang *»une terrible clarté«* (eine schreckliche Klarheit). Kleines Radio am Bett, er zeigt darauf, schaltet es ein: *»France Musique.* Brahms.« Schaltet es ein paarmal aus und ein, um zu zeigen, wie gut es funktioniert – dann endgültig aus, jetzt ist nicht die Zeit für Musik. Wir sind vielleicht mit die ersten Besucher. Womit beschäftigt er sich, da er nicht lesen kann? *»Je me dis des poèmes«* (ich sage mir Gedichte vor). Wir fragen nicht weiter. Wir erwähnen die Telegramme und Anfragen nach seinem Ergehen. Er beschreibt den Arzt: *»Un type très bien; manière très sèche. Sept enfants. Petite taille – presque chauve. Très bien.«**
Drechselt die Sätze wie beim Schreiben. Ich frage dann doch, was für Gedichte, welche? Goethe. Er spricht den *Prometheus*, alle sieben Strophen. Dann aus Verlaine. Sagt von ihm: *»Mais quelle déchet!«* (Aber wieviel Ausschuß!) Schrieb so viel, Verlaine. Nicht Goethe? »Natürlich.« Beim *Prometheus* kommt er an die Stelle: »... nichts Ärmer's / Unter der Sonn' als euch Götter.« Welch wundervolle Emphase. Schwere Ironie. Herausforderung, strenge Rüge. Mehr Goethe. Andere Gedichte. Es wird dunkel. Er wird müde.

[Im August 1974. Edward Beckett spielte mit dem New Irish Chamber Orchestra in der Kapelle der Sorbonne. Ich ging allein und traf dort Sam, der im anderen Seitenschiff saß. Nach dem Konzert gratulierten wir Edward. Ein anderer junger Musiker stand dabei, als Sam seinen Neffen lobte (»Bravissimo!«), und fragte, wer er denn sei. Beckett stellte sich vor, worauf der junge Mann leutselig wissen wollte: »Und was ist Ihr Metier? Sind Sie auch Musiker?« Und der unerkannte Nobelpreisträger des Jahres 1969 daraufhin ganz unbefangen: »Oh nein, mag Musik nur einfach gern.«

* Netter Kerl; sehr trockene Art; sieben Kinder. Klein – fast kahl. Sehr nett.

34 *Samuel Beckett, Doppelprofil, 5. Februar 1971*
Silberstiftzeichnung auf blau-glasiertem Papier, 26 x 21 cm

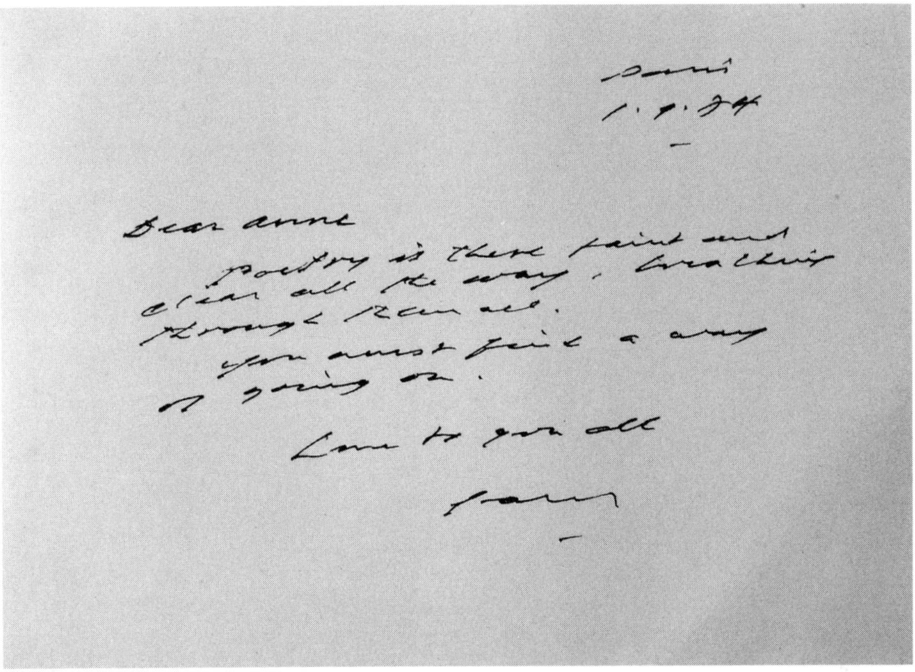

Paris
1.9.74
—
Dear Anne
Poetry is there faint and clear all the way. breathing through them all.
You must find a way of going on.
Love to you all
Sam
—

35 Eine Karte an Anne Atik über ihre Gedichte

In jenem Jahr war es auch, daß er mir, nach einer besonders entmutigenden Phase in meiner Arbeit, eine Karte folgenden Inhalts (zu meinen Gedichten) schickte: *»Poetry is there faint and clear all the way, breathing through them all. You must find a way of going on.«* (Dichterisches ist querdurch da, leise und klar, atmet in allen. Du mußt eine Möglichkeit finden weiterzumachen.) Es klang, als habe er sich das schwer abgerungen.]

10. Oktober 1974

Abendessen. Das Obst auf dem Tisch, meinte ich, erinnere mich an Caravaggio, er nannte Cornelis de Heem. A. sprach über Manet und seine Amputation, sein Ende in Bellevue, und Sam erinnerte an Manets Gemälde *La route des gardes*. Wir sprachen von Israel, seiner Geschichte; nach dem Kaffee über T. S. Eliot, *The Wasteland* [sic], die *Four Quartets*, S. sagte, er finde Eliot zu bedachtsam. Daß aber einige seiner Gedichte mit Feuer geschrieben seien. Treffe auch auf *Mord im Dom* zu, aber er sei doch kein wirklicher Dramatiker. Wunderte sich aber, daß Eliot je einem andern [Pound] erlaubt habe, sein Werk abzuändern. Wollte nichts von Ezra Pound wissen, der sehr rüde zu ihm als jungem Mann gewesen sei. Sprach von seiner Übersetzung des *Bateau ivre* (Das trunkene Schiff) von Rimbaud, die er einem irischen Freund gegeben habe, der sie Jahre später als eine der Kostbarkeiten aus einem brennenden Haus gerettet hatte; hatte gerade von Knowlson aus Reading davon brieflich erfahren. Sprach über das Englische *qua* Englisch. Dann über »Poesie. Jenes unlenkbare Biest. Ein ungezähmtes Pferd. Ein wildes Tier, das man zureiten muß.« Erinnerte mich an Virginia Woolfs Metapher in *The Waves* (über die wollte er nie reden, wie oft ich sie auch aufs Tapet brachte): »Worte und Worte und Worte, wie sie galoppieren, wie sie ihre langen Mähnen schütteln und mit ihren Schwänzen peitschen«, usw. … aber ich zeigte ihm dann die Stelle nicht. Er fängt an Yeats zu rezitieren: *At the Hawk's Well: »I call to the eye of the mind …«* bis zu *»The salt sea wind has swept bare.«* (Ich führ dem Geist vor Augen … Der salzige Meereswind hat kahl gefegt). Auch intonierte er Apollinaire – *»Voie lactée« (Milchstraße)* – wie einen Gesang.

Freitag, 21. März 1975

Brachte uns wundervolle Ausgabe von *Pas moi (Nicht ich)* und Jack-Yeats-Katalog. Sprach über Berlin; über den Schauspieler, der, von der Ungeheuerlichkeit seiner Rolle erschreckt, ein ärztliches Zeugnis beibrachte und abging, obwohl die Probenzeiten aller anderen Mitspieler um seine verfügbare Zeit herum arrangiert waren. Restaurants waren leer, aß etwas in der Giraffe, wo er der einzige Gast war. Brachte A. die Ölfarben, um die er gebeten hatte, 25 Tuben. Freute sich an den Bezeichnungen *Caput mortuum* und *Deckweiß*. Beim Ausrollen des Servierwagens sah ich ihn an der geschlossenen Kinderzimmertür stehen, so still und verspannt, er kam mir vor wie mit Traurigkeit oder Krankheit geschlagen. Unschlüssig, ob ich ihm

36 *Samuel Beckett, 2. Juni 1975*
Silberstiftzeichnung auf barium-grundierter Pappe, 65 x 50 cm

zurufen sollte »Suppe ist da«, ließ ich ihn, abgelenkt, nicht aus den Augen, und folglich fielen der halbe Käse und Salat zu Boden. Er hatte an der Tür Alba zugehört, die im Kinderzimmer Klavier spielte. Dann half er mir den Salat auflesen und sagte, sie spiele gar nicht schlecht für die kurze Zeit, die sie erst Klavierstunden habe. Wir sprachen von unserer Englandreise. Wir erwähnten den Besuch bei einer Freundin in Ashton. Er sagte, Dr. Johnson habe dort gelebt – oder sei dorthin gereist. Sam kannte Oundle. Spielte früher Cricket in Northampton, einmal gegen die Ortsmannschaft. Sprach von Landors *Imaginary Conversations*. Wir rezitierten beide Landors Vierzeiler: *»I strove with none, for none was worth my strife / Nature I loved, and next to nature, Art: / I warm'd both hands before the fire of Life; / It sinks; and I am ready to depart.«* (Ich stritt mit keinem, keiner war es wert: / Natur die liebt' ich und danach die Kunst: / Ich wärmte beide Händ' am Lebensfeuer; / Es sinkt; ich bin bereit zu gehn.) Ich hatte das gerade auswendig gelernt, Beckett ja wohl viel früher, und doch stockte er bei keinem Wort. Er fand auch, der Name Walter Savage Landor habe einen so guten Klang. Ich erzählte ihm von dieser Freundin in Ashton, der Insektenkundlerin Miriam Rothschild-Lane mit ihren Schmetterlingen, und daß sie zu dem Schluß gekommen sei, daß die allzu tüchtigen Fresser nicht überleben, sie fressen alles Grün auf: »Selig sind die Sanftmütigen«, hatte sie gesagt. Darauf erwiderte Sam: »Mäßigung«, obwohl er nicht ganz mit dem Verdikt übereinstimmte. S. sprach über die deutsche *Godot*-Übersetzung, die Inszenierung, wie er die Übersetzung konziser, die Anzahl der Schritte vom Baum zum Stein der Länge der Sätze angeglichen habe. »Wenn der erste Part länger ist, und wenn die Gesamtzahl der Schritte 18 beträgt, und dann für den anderen Part sagen wir 12, werden die Schritte um 6 gekürzt.« Der Junge rennt nicht hinaus, sondern geht ruhig ab. S. sorgte dafür, daß alle Darsteller jede Geste verstehen. »Nichts Willkürliches.« Er analysierte dann Luckys Suada, die er unter drei Gesichtspunkten aufteilte:

37 Avigdor Arikha, Beckett und Alberto Giacometti im Atelier des Bildhauers, 1961 [Photo: © Georges Pierre]

Der Himmel, kalt und gleichgültig gegenüber menschlichem
Leiden;
Der Mensch, der kleiner wird, aller Hoffnung beraubt;
Die Erde, die Steine speit, versteinert.

Ich fragte, ob er das aufgeschrieben hat, er sagte Ja. Ich zeigte ihm einen Text über den Rabbi Jehoschua ben Levi, der vom Warten auf den Messias handelt. Zusammenfassend fügte ich hinzu: »Er kann nicht kommen. Das gehört dazu.« Sam sagte: »Das Wesentliche dabei. Das Warten.« Wir kamen wieder auf das tragische Verschwinden von Giacomettis Baum [für das *Godot*-Szenenbild] während der Studentenunruhen von 1968. (Albertos Bruder Diego hatte das einzelne Blatt an dem Baum entworfen, und A., von dem die Idee zu dem Auftrag stammte, sah sich mit Beckett in Albertos Atelier das Requisit an.)

Sam ließ beim Essen nichts stehen, wollte aber keinen Nachtisch; erst als ihm A. sagte, es sei ein Nachtisch für die Kinder, Birnenkompott, genoß er etwas davon. Die Kinder lachten und tanzten um ihn herum, was ihn froh machte, Noga im dunkelblauen Schlafanzug, der ständig verrutschte; Beckett lachte geradezu, verzog nicht nur das Gesicht. Dann starrte er, wie erwartet, ins Kaminfeuer, das ich zuvor geschürt hatte im Gedanken daran, wie das Landors Vierzeiler – »Ich wärmte beide Händ am Lebensfeuer« – für ihn erfreulich illustrieren mochte, und wir rezitierten noch einmal:*

I strove with none, for none was worth my strife:
Nature I loved, and next to Nature, Art:
I warm´d both hands before the fire of life;
It sinks; and I am ready to depart.

Ich stritt mit keinem, keiner war es wert:
Natur, die liebt ich und danach die Kunst:
Ich wärmte beide Händ am Lebensfeuer;
Es sinkt; ich bin bereit zu gehn.

Mrs. Thrale, Mrs. Thrale, hast du dich auch so bemüht?
[Am Rand ist hier vermerkt, daß ich Beckett den Montag zuvor auf der Straße vor dem Café Marigny/Ecke Boulevard de Port Royal und Rue St. Jacques getroffen hatte. Ich fragte nach seinem Befinden, weil er so müde aussah. »Ich bin *sehr* müde. Und wie geht es dir?« Ich war auf dem Weg zum Schreibmaschinenladen und wollte dann Alba abholen. Kalter, unwirtlicher Tag. Sorgen daheim. Ich sagte, das Gesicht verziehend: »Viel los«, aufblickend mit spöttischem Nachdruck: »aber das eine *nicht*: wir sind nicht so müde.« Ein Lächeln in seinen Augen. Fragt bedächtig, im gleichen Rhyth-

* Landor hatte das Gedicht an seinem Geburtstag, 30. Januar 1849, geschrieben, nachdem ihn seine Gäste, Dickens und Browning, verlassen hatten. Er lebte bis 1864.

mus, spöttische Replik, spöttische Frage: »Und *warum* nicht müde?« Ich sagte, wir hätten die Nase voll. Dann lachten wir beide. Erinnerte ihn, daß wir uns nächsten Freitag sehn. Wir sagten Goodbye, und er küßte mich zum Abschied. Ich ging beschwingt davon.]

13. Januar 1976
Er sprach über Sidney Smith, er hatte ihn wiedergelesen. Tennyson, Johnson und Goldsmith. Freute sich, daß wir *Tryst* mochten. Wollte wissen, was wir von der Idee hielten, daß die Rolle mit einer Frau, genauer gesagt Billie Whitelaw, besetzt würde.

30. Dezember 1977
Rezitierte ein Distichon:

Sitôt sorti de l'hermitage
ce fût le calme après l'orage

Sobald er aus der Klosterzelle
Kam nach dem Sturm die große Stille

Sprach über Jocelyn, Billie Whitelaw, Leonardo. A. redete über intellektuelle Gewohnheitsänderungen, »*changing mind-sets*«: zum Beispiel beim Musikhören (man lauscht da anders, als wenn man reden hört), unmöglich beim Schreiben oder Malen (man schaltet den Blick für die Straße nicht um, wenn man vor einem Bild steht), aber er wird sich an die Natur halten, um der Fiktion zu entrinnen.* Beckett: »Alles Schreiben ist ein Verstoß gegen die Sprachlosigkeit. Der Versuch, eine Form zu finden für jenes Schweigen. Nur wenige, Yeats, Goethe, solche, die lange lebten, konnten damit immer weitermachen, aber sie mußten auf bekannte Formen und Fiktionen zurückgreifen. So sieht man sich zurückgehen auf *vieilles compéten-*

* Beobachtetes malen, statt nur Erinnertes

*ces** – wie dem entrinnen. Man kann nie darüber hinwegkommen, nie sich befreien vom alten Traum, der Sprachlosigkeit eine Form zu geben. *Vieilles compétences* (die alte Geschicklichkeit).«

Über sein neues Werk sagte er, das Problem sei: »*Qui est qui* (Wer wer ist?). Man müßte eine neue, eine vierte Person, dann eine fünfte, eine sechste erfinden – um nie über *je, tu, il* zu reden. *Qui est qui.* Die logische Konsequenz wäre, aus dem Fenster ins Nichts zu schauen. Mallarmé kam dem nahe im *livre blanc*. Aber man kann über seinen Traum nicht hinauskommen.« A. sagte: »Wegen Energie.« Sam: »Und Entropie. Und man weiß ja, wer von den zweien gewinnt.« A.: »Das ist Dasein.« Ich: »Dasein ist nicht logisch.« Sam wiederholte: »Ein Verstoß gegen die Sprachlosigkeit. Wenn man es zu sagen versucht, benutzt man die alten Formen, man erzählt alle möglichen Geschichten.«

Erzählte ihm, wie unsere Töchter eine Gefährtin erfanden, die sie Agnès nennen, die ständig in der Patsche sitzt und Geschirr spülen oder die Kinderzimmer putzen soll! Beckett erinnerte sich, daß er sich im Garten als Kind Spielkameraden erfunden hat**. Wir erzählten ihm einiges von den Eskapaden dieser Agnès. Er verstand. Sagte: »*C'est elle la révolutionnaire.*« (Sie ist die Revoluzzerin.)

15. März 1978

Sam ein bißchen melancholisch. Belebt sich, als er von John Calders Labradorhündin erzählt, wie Calder sie zusammen mit seinem Mantel im Hyde Park Hotel, wo sie zu Mittag aßen, an der Garderobe abgab. [Schon 1964 hatte er uns aus London geschrieben, daß ihn Calders Hund vom Hyde Park nach Mayfair ausgeführt habe.] A. zeigt ihm zwei Eichendorff-Gedichte, das eine liest er laut vor. A. will ihm den Band mitgeben, aber da kommt ein fahles »No« von Sam: »Ich hab' schon weiß nicht mehr wie viele Karten und Fotos,

* »Know-how« im Gegensatz zum schöpferischen Akt

** wie Hamm im *Endspiel* den »Gärtner«

vielleicht hundert, zerrissen, die bedeuten ja keinem was.« Später Schubert: »Leg ein paar Lieder auf.« Gretchens Lied. »Wunderbar das.« Schumann danach.
»Ich hatt' im Traum geweinet«. A.: »Willst du das vor- oder nachher?« Erwidert: »Weder noch« und grinst. Dann der *Schwanengesang*. Danach Brahms: *»Immer leiser wird mein Schlummer«*. Er kann die meisten Brahms-, Schumann- und Schubertlieder mitsingen. »Konnte nicht viel arbeiten in Tanger. Machte lange Spaziergänge an der Küste, starker Wind, sogar Regen.«

7. Juli 1978
Kam mit Geschenken. Heines Autobiographie, Joyce-Kataloge aus Buffalo. Platte mit deutschen Dichterlesungen. Er hatte uns Joyces Beobachtung mitgeteilt, der meinte, Dantes Gebrauch der ersten Person Plural von *essere* in der Vergangenheitsform – also *fummo* – drücke in jener Zeile [aus dem 5. Gesang über Paolo und Francesca im *Inferno*?] eine Trauer über das Vergangene aus: »An diesem Tage lasen wir nicht weiter.« Beckett zitierte dann die Schlußzeile aus dem Canto V, die ich auf englisch angetippt hatte (Italienisch verstand ich nicht):

E caddi, como corpo morto cade.

Und niederfiel, wie tote Körper fallen.

Und bestätigte, was ich als Echo soeben in Ariosts *Orlando furioso* gelesen hatte:

E cada, como corpo morto cade

(Und als ich ihn sah), fiel ich ihm zu Füßen,
wie ein toter Körper fällt.

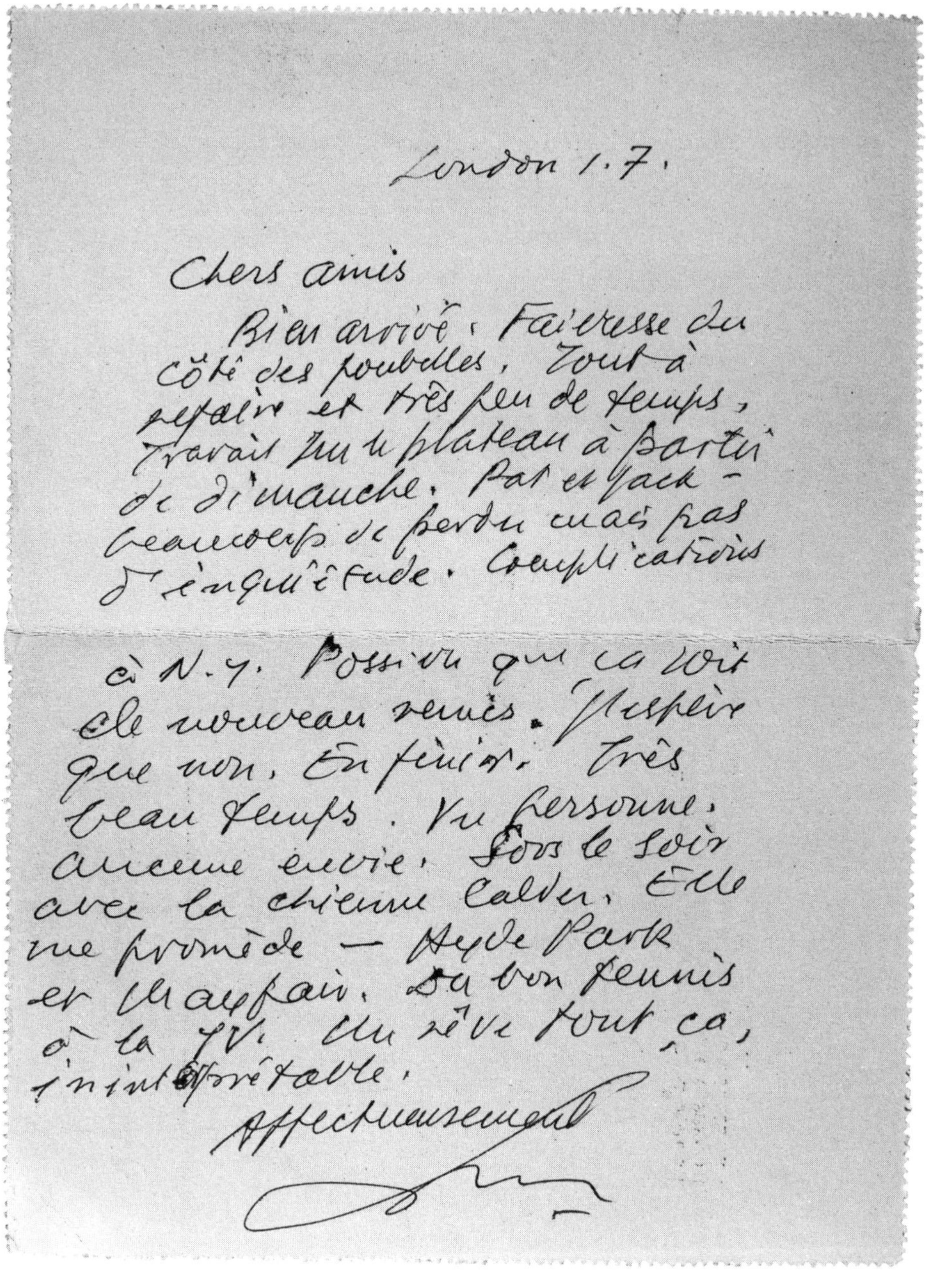

London 1.7.

Chers amis

Bien arrivé. Faiblesse du côté des poubelles. Tout à refaire et très peu de temps. Travail sur le plateau à partir de dimanche. Pat et Jack – beaucoup de perdu mais pas d'inquiétude. Complications à N.Y. Possible que ça soit de nouveau remis. J'espère que non. En finir. Très beau temps. Vu personne. Aucune envie. Sors le soir avec la chienne Calder. Elle me promène – Hyde Park et Mayfair. Du bon tennis à la TV. Un rêve tout ça, ininterprétable.

Affectueusement

Sam

38

London, 1.7.64

Chers amis

Bien arrivé. Faiblesse du côté des poubelles. Tout à refaire et très peu de temps. Travail sur le plateau à partir de dimanche. Pat et Jack – beaucoup de perdu. Mais pas d'inquiètude. Complications à N. Y. Possible que ça soit de nouveau remis. J'espère que non. En finir. Très beau temps. Vu personne. Aucune envie. Sors le soir avec la chienne de Calder. Elle me promène – Hyde Park et Mayfair. Du bon tennis à la TV. Un rêve tous ça, ininterprétable.

Affectueusement

Sam

London 1.7.64 [Datum des Poststempels]

Liebe Freunde

Gut angekommen. Mülltonnen unzureichend. Alles neu zu machen und wenig Zeit. Arbeit auf den Brettern fängt Sonntag an. Pat und Jack – vielfach *perdu*. Aber nicht besorgniserregend. Komplikationen in New York. Womöglich neuerliche Verzögerung. Hoffe nicht. Zum Schluß kommen. Sehr schönes Wetter. Habe niemand gesehen. Nicht die geringste Lust dazu. Geh abends gassi mit Calders Hündin. Sie führt mich – Hyde Park und Mayfair. Gutes Tennis im Fernsehn. Ein Traum all das, undeutbar.

Herzlich

Sam

Von da zu Heine, der bei seinem letzten Ausgang (»vor seiner langen Bettlägrigkeit als Invalide«) der Venus von Milo im Louvre zu Füßen fiel. Sprachen über Heine und Venus. Für Goethes Schriften zur bildenden Kunst hatte Beckett nicht so viel übrig, wogegen A. meinte, die Farbenlehre sei für die damalige Zeit doch sehr gut. Sam kam dann auf den Bezug der Poesie zur Malerei zu sprechen, auf Prousts Bergotte, wie er vor seinem Tod von Vermeers »Ansicht von Delft« überwältigt wird, und Prousts Lob des gemalten Mauerstücks: *»un petit pan de mur jaune ... si bien peint ... comme une précieuse œuvre d'art chinois«* (eine kleine gelbe Wandecke, so gut gemalt, wie ein kostbares chinesisches Kunstwerk). Weist auf die Platte mit deutschen Dichterlesungen hin, aber kein Traklgedicht zu hören, er schätzt Trakl sehr. Abendessen. (Portulaksalat, amerikanisch *purslane*, ein Unkraut, »gutes englisches Wort«, lobt Beckett.) Hans Hotter singt *Schwanengesang*. Und wie er dann den *Doppelgänger* singt! Wir hörten uns das dreimal an und sangen mit. Beim drittenmal fand Beckett seine Wiedergabe des Händeringens »etwas forciert«. Er rief Jocelyn an, sagte zum Schluß noch: *»Please God we meet soon, and that you have good news.«* (So Gott will, sehn wir uns bald, und du bringst gute Nachrichten.) Jocelyn hatte durchblicken lassen, daß Peggy Ashcroft beleidigt wäre, wenn Billie jetzt die Winnie in *Glückliche Tage* spielen würde. Er muß vielleicht die Aufführung um zwei Jahre verschieben. Sam: »Kann Peggy nicht kränken wegen so was. Ist ja egal, die zwei Jahre.«

19. April 1979

Erst wird das Problem mit dem Klempner besprochen. Dann die faszinierende Probenarbeit mit Billie Whitelaw. Sieht sie in schwarzem Aufzug; Willie in schwarzem Hut mit rosa Schleife. Ihr Sonnenschirm rosa. Sprach davon, wie er in London durch den Park wandert. Pat Magees tragischer Verfall. Sein Alkoholismus. Wir erinnerten ihn daran, daß Pat Magee und Jackie MacGowran schon 1964 zur Feier der *Endspiel*-Premiere soviel getrunken hatten, daß sie in unserer Wohnung auf dem Boden einschliefen. Winnie zitiert sechzehnmal falsch. Beckett deklamiert: »*Go forget me, why should sorrow fling its shadow o'er ....*« (Geh vergiß mich, warum sollt' die Trauer ihren Schatten drüber werfen ...), dazu noch Milton. Dann Goldsmith' Grabspruch:

From misery furled
a bookseller's hack
not for the world
would he come back.

Ein Schmierfink, gequält
Vom Mangel an Glück
Nicht um die Welt
Käm' er zurück.

Sprach von Goldsmith' Elend und Unglück. Dann weiter über Winnies falsche Textwiedergabe. Dann: »*I call to the eye of the mind*« (Ich rufe mir vors Auge des Geistes). Wunderbares Deklamieren, wobei *wind* (sprich *waind*) mit *kind* (sprich Kaind) zusammenklingt, wie in »*Blow, blow, thou winter wind*«. Mehr von Yeats. Fragt wieder nach Albas Wirbelsäulenverkrümmung (litt an Skoliose). Meinte, sich nicht die Zeit nehmen zu können, zu Jocelyn aufs Land mitzugehen: »Möchte arbeiten, freue mich darauf, so lang darauf vorbereitet, damit gelebt.« Er sagte das so ungeduldig wie ein Bauer, der die Ernte vor dem Gewitter einbringen will – ein paarmal: »Ich glaube nicht.« Erwähnt den Louvre. War dort mit A. gewesen, um dessen Ausstellung zu Poussins *Der Raub der Sabinerinnen* zu sehen.*

* Schon 15 Jahre zuvor hatte Beckett in einer Auswahl der Briefe Poussins (*Lettres et propos sur l'art*, in der Reihe *Miroirs de l'art*, hg. von Anthony Blunt, Paris 1964), die ihm A. gegeben hatte, sorgfältig angemerkt, welche Briefe und Sätze ihm auffielen.

31. Juli 1979

Noga machte ihm die Tür auf, er hob sie hoch, und sie lachten einander an. Sprach über Billies Erfolg, Schlangen an der Theaterkasse bis zur Metro, jetzt müsse sie ja nach Deutschland gehn, eine kleine Rolle spielen im autobiographischen Film ihres Gatten [Robert Müller], würde dann in einem griechischen Dramenzyklus in London auftreten. Beckett sah Kritiken von A.s Ausstellung in *Time* und *Newsweek* durch; las schnell, begierig, übersprang einige Zeilen, um zum Hauptpunkt zu kommen, sagte Robert Hughes' Artikel sei der beste. Noga kam herein, während er Rudolf Schmitt im *Oxford Pocket Dictionary of Music* vergeblich suchte; saß neben ihr und strich ihr über Haar und Wange. Bei Tisch: Haut Brion 1964. Nach ein paar Sekunden schaut er uns an und sagt: »Nektar.« Aß alles auf bis zum Käse. Ich fragte, warum sagen wir zu herrlichen Dingen auf Erden *»divine«* (göttlich)? Er erwiderte etwas mit leiser Stimme, so daß ich nicht sicher war, sagte er jetzt »Sag das nie« oder »ist nicht persönlich«, wahrscheinlich »sag das nie« – war nicht deutlich zu hören.

A. fragte nach dem neuen Text. Zwanzig Seiten auf englisch. War es ein Text, den er immer wieder überarbeitet hatte? *»No, I put my foot on it.«* (Nein, ich hab damit Schluß gemacht.) Noga kam mit dem Schachbrett herein; manchmal spielten er und A., aber diesmal hatte er Noga versprochen, ihr die Züge beizubringen. A. wollte Schumann auflegen: Janet Baker mit dem *Eichendorff-Liederkreis*, während Beckett die erste Schachlektion erteilte. Sam und Noga: stecken die Köpfe zusammen, der Vierundsiebzigjährige und die Zehnjährige; dichtes Haar bei beiden, dunkel silbergestreift bei ihm, der, mager und gebeugt, die Figuren erklärt; goldlockig sie, auch übers Schachbrett gebeugt, zuhörend. Ihre Stimmen höre ich in der Küche, seine wie bei einem Radioansager, hell, bedächtig, sehr sorgsam schrittweis verdeutlichend, ungeheuer ernst und geduldig. Typisch für ihn: »Paß auf die Bauern auf, sie können den König schlagen.« Machte ein paar Eröffnungszüge, warnte sie wieder vor den Gefahren jedes Schritts, nannte ihr die Bezeichnung ei-

nes bestimmten Schachzugs. Sie geht zu Bett, gibt ihm einen Gutenachtkuß. A. brachte es fertig, blitzschnell zeichnend, die beiden beim Schachspiel festzuhalten. (Diesmal merkte es Beckett gar nicht, aber auch wenn er wußte, daß ihn A. zeichnen wollte, mußte man ihm nie sagen, er solle sich nicht bewegen. Er blieb einfach unbewegt sitzen oder stehen, so unbefangen wie möglich. Wenn man ihm scherzhaft versicherte, er sehe so ganz aus wie auf einem Arikha-Porträt, lächelte er und sagte: »Ich tu mein Bestes.«)
Über Schumann sagte er dann, er habe nicht wie erhofft auf ihn gewirkt. Zurück zum Schach (ich frage nach dem König, er sagte): »Erst am Ende kann er seine Macht einsetzen, die Königin ist die wirklich Mächtige.« Seine Leidenschaft für das Spiel: »Es ist wundervoll. Unerschöpflich.« Ich fragte nach Parallelen im Leben. Er sagte: »Nein, keine Parallelen im Leben. Man muß sechs Züge voraussehen.« [Nach dieser Initiation brachte er Noga zu mehreren Gelegenheiten Schachbücher mit.] Sprach über Brahms, für den er nicht besonders schwärmt – Ausnahme (grinst) »Immer leiser wird mein Schlummer«. »Wunderbares Lied, eins der wunderbarsten.« A. legte Schuberts *Leiermann* aus der *Winterreise* in Hans Hotters Interpretation auf. Beckett zog Fischer-Dieskau vor: »Am Ende ist da ein richtiger Schrei, er schreit auf.« Wir legten Fischer-Dieskau auf, um zu vergleichen. Am Ende, ja, der Schrei, ein Erschauern. Sam sah mich an; das war es. Nickte. Zu bewegt, um zu reden.
Über Brahms dann wieder, wie er manchmal kein Ende findet. [Oft hatten wir zuvor seine Trios und Sextette angehört, die ihm gefielen.] Gerald Moores Kunst [Fischer-Dieskaus Liedbegleiter]. A.: »Warum reden die Leute schlecht über wen, nur weil der großartig ist?« Ich: »Schubert, grandios von der ersten Note an.« S.: »Aber manchmal dauert es zu lang, gegen Ende.« Sprechen über Con und Marion. S.: »Sie hat viel Vitalität.« Ich: »Und Con ist ein Genießer.« S.: »Er schaut gern zu vom Spielfeldrand.« A.: »Ein Voyeur?« S.: »*Un voyeur voyant* (ein klarsehender Voyeur). Schon vor langem verriet er mir, daß er am liebsten zuschaut.« A.: »Weiß nicht, was ich

bin. Ich beobachte, aber ich weiß nicht. Ich kann nur beobachten.« S.: »Weiß nicht, wo ich bin – wenn ich nicht hinschaue.« Ich: »Der Werfer, der Ball?« S.: »Ich weiß nicht, wo ich bin, aber ich beobachte nicht nur.« A.: »Er hat Glück, Con, er ist nicht verbittert.« S.: »Ja, er hat sich nie bemüht. Wußte genug, um zu wissen, er schafft es nicht.«

15. November 1979

Sam. Entspannt. Kam mit Manuskripten für die Kinder, ein dickes für Alba *(Il fut trouvé par terre)*, ein dünnes für Noga *(Un endroit l'attire par moments)*. [Beides nur Skizzen, Ideen, die später weiter ausgeführt wurden.] Alba setzte sich eine Zeitlang zu uns und sprach über ihre Sommerreise, zeigte ihm Fotos. Dinner. Mochte den zerkleinerten Rotkohl, fragte lächelnd, was das sei. Sprach über seinen Text. Er wisse nicht, wie es zu der alten Frau komme, sagte er, nachdem ihm A. erzählt hat, daß Noga wissen wollte, wer die alte Frau sei. Sie sei gekommen und nahm mehr und mehr Platz in Anspruch. Habe dann mehr über sie erfahren, mit ihr gelebt. Sie habe sich aufgedrängt, so seltsam, Worte eine Fiktion. Kaum ausgesprochen, schon eine Lüge. Jedes Streben nach Ähnlichkeit eine Lüge, ein Verfall, ein Scheitern. *»A côté. Il faudrait trouver des mots pour la ruine, des mots ruinés. A genoux.«* (Nicht das Wesentliche. Man muß Worte finden für den Verfall. Verfallene Worte. Auf den Knien.) Beispiel im Text, die Stelle mit den *»moutons, agneaux qui errent«* (Schafe, Lämmer, die umherirren.). Schweigen danach. Unmittelbar darauf: *»Penser qu'ils y a des vivants dans ce siècle.«* (Bedenken, daß es Lebewesen gibt in diesem Jahrhundert). Hatte das Gefühl, daß es eine Annäherung war, das Schweigen zwischen *»A genoux«* und *»Penser«*. Wiederholte es. Ich sprach es ihm nach, fast korrekt, nur daß ich *encore* [noch immer] hinzufügte: *»Penser qu'il y a des vivants encore dans ce siècle.«* Er unterbrach mich: »Nein, kein *encore*, das ist zuviel.« Wiederholte den Satz. Redete wie unter Druck, als laste schwer auf ihm, was er vor sich sah. Redete über einige gemeinsame Freunde. Schien etwas verstimmt in einem Fall: »Sie schreiben nur, wenn sie ...«, und ließ den Satz unbeendet.

21. Juni [1980?]

Sprachen über *Purgatorio* Canto XVII [über die Liebe als Quelle bösen wie guten Handelns]. Er erwähnte seine Lektüre: Briefe von Gottfried Benn. Sprach über meine Gedichte. (Der Vollständigkeit halber folgt hier, was Beckett dazu sagte – fand sie bewegend, merkwürdig, und so fort –, weil ich die Worte mit dem Gegenteil konfrontieren kann: Er lud mich in ein Café am Boulevard Montparnasse ein, ich glaube, es war La Coupole, um zwei Gedichte zu besprechen, die er sich die Woche zuvor hatte ansehen wollen. Er sah so unglücklich aus, hielt seinen Blick so lang gesenkt, daß ich ihn bei der Hand nahm und sagte: »Du kannst mir ruhig sagen, Sam, daß es nichts taugt. Ich dachte gleich, daß es dir nicht gefallen würde.« Da schaute er dann auf, immens erleichtert, und sagte: »Es ist zu lang, weißt du, die Frau, die Tochter, da ist zu viel drin.« An jenem Tag blieb er weniger unfroh und unglücklich zurück, und ich hatte am nächsten Tag Fieberbläschen im Gesicht. Als er daher zu anderer Gelegenheit sagte, wie er von meinen Gedichten ergriffen sei, mußte ich das als seine wahre Meinung annehmen, so unvorstellbar es auch für mich war. Nichts, kein alter Freund, niemand, der ihm lieb und teuer oder besonders verletzlich war, konnte ihn ja dazu bringen, etwas zu sagen, was er nicht wirklich so meinte.)
S. sagte von einem gewissen Verleger, er halte die Köpfe seiner Autoren nicht über Wasser. Ich: »*Après moi le déluge?*« (Nach mir die Sintflut.) S.: »*Pendant moi le déluge.*« (Mit mir die Sintflut, was wohl heißen soll: ich schau zu, wie sie ersaufen.) Sprach besorgt über A.s Forschungseifer. Sagte, er selbst sei zu lang seiner Arbeit ferngeblieben, wolle sie jetzt mit nach Italien nehmen, habe endlich einen Abschnitt hingekriegt. Sprach von Marion [Cons Witwe; Con war im Oktober gestorben]: »Es geht ihr leidlich, wenn sie mit anderen Leuten zusammen ist, nicht so gut, wenn allein.«

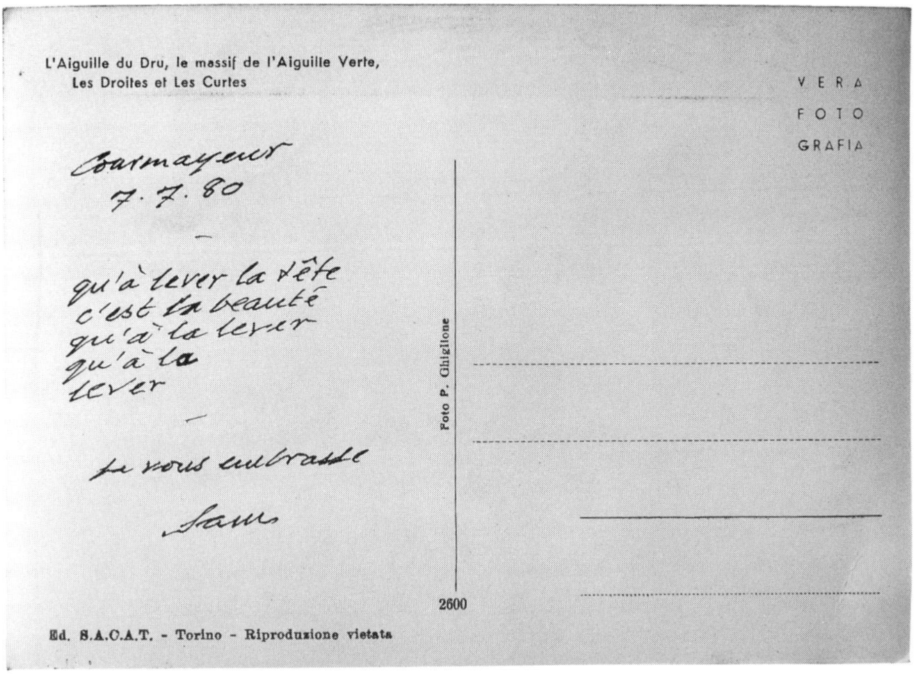
L'Aiguille du Dru, le massif de l'Aiguille Verte,
Les Droites et Les Curtes

VERA
FOTO
GRAFIA

Courmayeur
7.7.80
—
qu'à lever la tête
c'est la beauté
qu'à la lever
qu'à la
lever
—
je vous embrasse
Sam

Foto P. Ghiglione

2600

Ed. S.A.C.A.T. - Torino - Riproduzione vietata

39 Eine Karte aus Courmayeur

7. Juli 1980

Erhielt eine Karte von Beckett aus Courmayeur: *»qu'a, lever la tête / c'est la beauté / … qu'à la / lever … Je vous embrasse, Sam**

28. Oktober 1980

Beckett zum Abendessen. Wieder Schachspiel mit Noga; A zeichnet sie beim Spielen. Notierte nichts sonst für diesen Abend.

19. April 1981

Alba heute morgen mit ihrer Schulklasse unterwegs. Wir teilen Beckett mit, wie begeistert wir sind über seinen Text *Mal vu mal dit (Schlecht gesehen schlecht gesagt)*. Er freut sich. Ich erwähne, daß ich gelesen habe, manche Autoren – und wohl auch Komponisten –

* Nur den Kopf zu heben / das ist schön / … nur ihn / zu heben – Umarmung, Sam

40 *Sam Beckett, Schach spielend mit Noga, 28. Oktober 1980*
Reißblei auf Velinpapier, 24 x 32,7 cm

schreiben im Takt mit ihrem Pulsschlag und Atemrhythmus. S.: »In dem Fall würde ich keuchen. *Halétant.*« (Erst später, nach Becketts Weggehn, fand ich den Text wieder; der Arzt und »Verseschmied« Oliver Wendell Holmes behauptet, daß der Versakzent mit dem Pulsschlag korrespondiert und daß die Zeilenlänge von der Atmung des Poeten beeinflußt sei, »was vielleicht den Unterschied zwischen dem Rhythmus Homers und Herricks erklärt«.*)
Sam zitierte Dante, *Purgatorio* Canto XIII: *»Si che chiaro / Per essa scenda dalla mente il fiume«* (So daß klar hindurch der Strom des Geistes sich ergießen möge). Joyce hörte in *fiume* die Verflüssigung heraus (nicht nur die Trauer um das Vergangene, wie S. früher einmal

* Daß Versmaß, Betonung und Reim eine biologische Basis haben müssen, vermutet auch der amerikanische Lyriker Peter Viereck in mehreren Publikationen.

behauptet hat). Bei Tisch erzählen wir ihm von Paul Scofield als König Lear in Brooks Verfilmung. Sam sagte, er habe »vile jelly« (»diese dreckigen fleischlichen Augen«) in seinem neuen Text *Ill Seen Ill Said* benutzt: *Ill* und *Mal* im Englischen und Französischen sind Adjektiv und Substantiv.« Er hatte *King Lear* wiedergelesen. »Unaufführbar.« Über Tschechow: »Wie schlecht sind doch die Übersetzungen, aber irgendwie *ça passe* [kommt heraus] die Stimmung, die Atmosphäre.« Er äußerte große Bewunderung. Ich fragte, ob die vermittelte Qualität ein Nachtrauern, Nostalgie ausdrücke, wie bei Chopin? Darauf gab er keine Antwort, über Chopin wollte er damals nicht reden.

Wir waren im Begriff, die *Winterreise* und *Schwanengesang* anzuhören, Beckett bereit und angespannt, die Platte noch in der Hand, fährt sich über den Mund. War von Hotters Interpretation sehr angetan. Als wir dann zur Vertonung von Heines *Doppelgänger* kamen, blickte er auf – »du bleicher Geselle! / Was äffst du nach mein Liebesleid« –, senkte die Augen, dann Tränen, heftiges Kopfnicken. Nichts gesagt. Zurück zu Müllers *Leiermann* – »Barfuß auf dem Eise«. Beckett sagte: »Im Prinzip alles ganz falsch. Aber ein Wunder ist da geschehen.« Als ich fragte, wie dieselben Worte ohne Musik, oder die Musik ohne die Worte bestehen würden, rief S. aus: »Heine ist aber ein großer Dichter«, sagte das mit absoluter Überzeugung.

Nach dem Essen begleiteten wir ihn heim [es war nicht sehr weit von uns zu seiner Wohnung, weshalb manchmal Briefe von Leuten, die mit ihm Kontakt aufnehmen wollten, in unserem Briefkasten landeten]. Wir reden von den Schwierigkeiten mit Töchtern, mit dem Frau-Werden, von den Sorgen mit heranwachsenden Mädchen, und er fragt: *»Is she affectionate?«* (Ist sie liebevoll?), eine überraschende Frage. Bekenne ihm, daß ich Jeremias Darstellung von Frauen als liederlich, hemmungslos, menstrual unannehmbar finde, aber vielleicht hatte der Prophet ja eine heranwachsende Tochter. Beckett lachte: »Jeremiaden«. (Inzwischen weiß ich, daß Jeremia keine Kinder hatte.) Im Weitergehen deklamierten wir Shakespeares Sonett LXV: *»Since brass nor stone nor earth nor boundless sea«* (Wenn Erz, Stein, Erde, weite Meeresflut), alle sehr ergriffen. Sam tat die zwei letzten Zeilen als »unnötig« ab, »wie einige von Schuberts Liedschlüssen«. Fügte aber hinzu: »Ich hätte nichts dagegen gehabt, so was zu schreiben.« Ich wiederholte: *»Oh, how can summer's honey breath hold out«* (Oh, wie soll Sommers honigsüßer Flor bestehn). Er: »Niemand schrieb je so wie er.« Ich: »Kaum zu glauben, daß er ein Menschenwesen war.« A. sagte, vielleicht stamme ja nicht alles, was ihm zugeschrieben wird, von ihm.* Schließlich war noch von Jean-Jacques Mayoux die Rede**, dessen Frau Beckett begegnet war, und nachdem er Anteilnahme für ihre Hüftgelenksarthritis gezeigt hatte, fiel ihm plötzlich – erstmals in vielen Jahren – auf, was ich anhatte: ein loses, grün und weißes, walisisches Laura-Ashley-Kleid, das er »sehr hübsch«, fand: *»Nice and sacky.«*

29. April 1981

Im Café Français. Er war mit seiner Arbeit in Stuttgart [für *Quadrat*] unzufrieden. Fernsehen ein Medium, das er nicht in den Griff kriege, zu viele Maschinen; Ventilator hörbar; »jemand schlug vor, fünf Fächerwedler anzustellen – eine *plaisanterie* (Scherz)«; und dann die Beleuchtung: »Wenn dann das Weiß, Rot, Grün, Blau auf die Kostüme fällt, alle auf einmal, erzielt das nicht den rechten Effekt; Musik auch nicht richtig«. Beschloß, das Ganze an seinen Assistenten zu delegieren, nicht selber Regie zu führen. A. sprach über Ingres. S. fragte wieder nach Alba. All die Briefe und Telegramme zum Geburtstag fielen wie ein Sturzbach über ihn her. Will im September nach Tanger weglaufen wegen »Beckett-Festival«. Sprach mit Billie in Buffalo (tritt dort in *Rockaby* auf, was sehr

* wie zum Beispiel Roger de Piles' *L'Idée du peintre parfait* fälschlich Félibien zugeschrieben wurde

** dem Sorbonne-Professor für englische Literatur und frühen Beckett-Verehrer

gut ging). Fragte nach Jocelyn. Ich erwähnte das Konzert heute abend. A. und S. sprachen über Beethovens Gespräche; ihre Lieblingsanekdote, wie Goethe und Beethoven in Karlsbad spazieren gehen und Goethe höflich buckelnd beiseite tritt, als hohe Herrschaften ihnen entgegenkommen, während Beethoven mittendurch marschiert, so daß die Höflinge ihm ausweichen müssen; und wie der taube Meister Fragen auf Zetteln entgegennimmt und sie dann *à tue-tête* (aus vollem Halse) beantwortet; S. meinte, das sei eine interessante Idee für ein Stück; wir ermutigten ihn, diese Idee doch zu verfolgen. Beethoven sei aber doch zu heroisch für ihn, wie auch Joyce, und tatsächlich »heroisch« seien beider Leben, »wie sie ihr Werk vorantrieben trotz ungeheurer Hindernisse«. S. zitierte Joyces »und ich werde hämmern in der Schmiede meiner Seele …«; dann A. und S. wieder zurück zu Beethoven und Napoleon. Ich: »Wenn ich es wagte, würd' ich mich eher wie Schubert sehen.« S.: *»I-rock-bottom«* (zutiefst). A.: *»Sans artifice«* (unprätentiös). S.: *»dénudé«* (entblößt). A.: »Wie Sokrates barfuß im Schnee.« S.: »Davon weiß ich ja gar nichts.« Dann warnte Beckett wiederum Avigdor als Künstler vor den Gefahren von zu viel Forschungseifer. Davor noch mal über Beethoven – A.: »Wie traurig, daß Beethoven nicht wußte, wie sehr ihn Ingres und andere bewunderten.« S. erinnerte daran, was Beethoven acht Tage vor seinem Tod sagte, als ihm Schuberts Lieder gebracht wurden –: »Wahrlich in dem Schubert wohnt ein göttlicher Funken!« Dazu: »Daß dieser noch viel Aufsehen in der Welt machen werde.« Und nun ist wiederum traurig, daß Schubert, der Beethoven so verehrte, nichts davon wußte, allein blieb, isoliert. S.: »Außer daß er Freunde hatte.« Ich: »Aber kein Echo, keinen Respons. Wäre Echo für ihn wichtig gewesen?» S.: *»Si on se rend compte de l'écho, on est fichu.«* (Wenn man sich des Echos bewußt wird, ist man erledigt.)

31. Mai 1981
Im Café Français. Beckett schlecht rasiert, struppig, müde. Bedrückt von Bitten des neuen Kulturministers Jack Lang um ein paar Zeilen für Mitterrands Amtseinführung, zugeleitet von Germaine Viatte, der Kuratorin des Musée National d'Art Moderne (sie war für den Transport der Bilder in der »Paris – Paris«-Ausstellung verantwortlich.) A. sagte, eine von Bram van Veldes Gouachen sehe so zerfleddert aus, als falle sie auseinander. Sam erwidert bübisch: »Grad so gefällt mir's.« Sam sprach von den Problemen mit dem Stuttgarter Fernsehteam; A. schlug phosphoreszierendes Papier für Lichteffekte vor, S. notierte sich das, fragte nach Alba: »Sie haßt mich doch nicht?« (Weil sie nicht mitkommt, wie wir es wünschten.) Dann über die Karten für Madeleine Renauds Auftritt [in *Oh les beaux jours*]. Dann sein neues Gedicht:

Head on hands
hold me
unclasp
hold me.

Haupt auf Händen
halt mich
laß los
halt mich.

Dann über die kommenden Wahlen, wobei A. meinte, es ginge an, solange Mitterrand sich nicht dem kommunistischen Druck beugen müsse. S. sagte: »Und was soll das ausmachen, ein paar Kommunisten? Schließlich gibt es in diesem Land ein paar Leute, die das sind.« Stimmt aber zu, daß Marchais nicht der rechte Mann ist: »Die intellektuellen Kommunisten sind alle gegen ihn – er taugt nicht.«

7. September 1981

Beckett kam pünktlich um 8. Wie üblich wartete er vor der Tür, ohne zu klingeln, da er keine Minute zu früh oder zu spät eintreffen will. Wie üblich warteten wir hinter der Tür auf sein Klingeln. Im Atelier sah er sich A.s neue Arbeiten an, das Rückenporträt (Anne Atiks Rücken). Dann das Stilleben. Wie erwartet keine unmittelbare Reaktion auf das Stilleben mit blauem Krug. Dann aber: »*Marvellous. Extraordinaire*«, und zurück zum Porträt. Alba und Noga kamen aus ihrem Zimmer. Umfaßte Albas Schultern, strich ihr lächelnd die Haare glatt: »Ist das Alba?« Während A. zur Loggia hochging, um mehr Bilder zu holen, händigte mir Sam den Text aus, den er für A. geschrieben hatte, zusammen mit Istomins Brief.* [Der Text war ursprünglich für eine Sonderausgabe (ein geheimgehaltenes Projekt des Verlegers Jovanovitch) geplant – organisiert hatte es Eugène Istomin –, aber dann beschloß Beckett, statt dessen einen Text über das Sehen zu schreiben, der viel mehr mit A.s Methode zu tun hatte. Daraus wurde *Ceiling*. Das Buch wurde schließlich von Pierre Berès veröffentlicht.] Setzten uns zum Essen. Ich hatte rasch den Text durchgesehen. Beckett fragte: »Wird das genügen? Hat mit nichts was zu tun. Hoffe, es ist in Ordnung.«

Beim Abendessen Gespräch über die Stücke im Festivalprogramm, er erzählte Alba von Rick Cluchey, der im Gefängnis Beckett aufführt. Aß alles auf. [Wenn wir Fisch hatten, brach er die Gräten und schluckte sie, da sie angeblich viel Calcium enthielten.] Lachte bübisch mit den zwei Mädchen, als sie zu hören bekamen, daß er sich mit A. in den fünfziger Jahren Donald Duck und Woody Woodpecker angesehen habe, als Kur gegen eine Depression. Er erwähnt

* »Ich bewundere, während seines ganzen Werdegangs, immer wieder seine Sehschärfe, die Entschiedenheit der Ausführung und unvergleichliche Erfassung des Vorausgegangenen und der Probleme, die jeder Fortführung anhangen. Es ist vielleicht in diesem doppelten Problembewußtsein, sein Werk übersteigend und ihm zugleich innewohnend, daß er in gewisser Weise heroisch allein steht.« (Nach Becketts englischer Version des französischen Texts, 1982.)

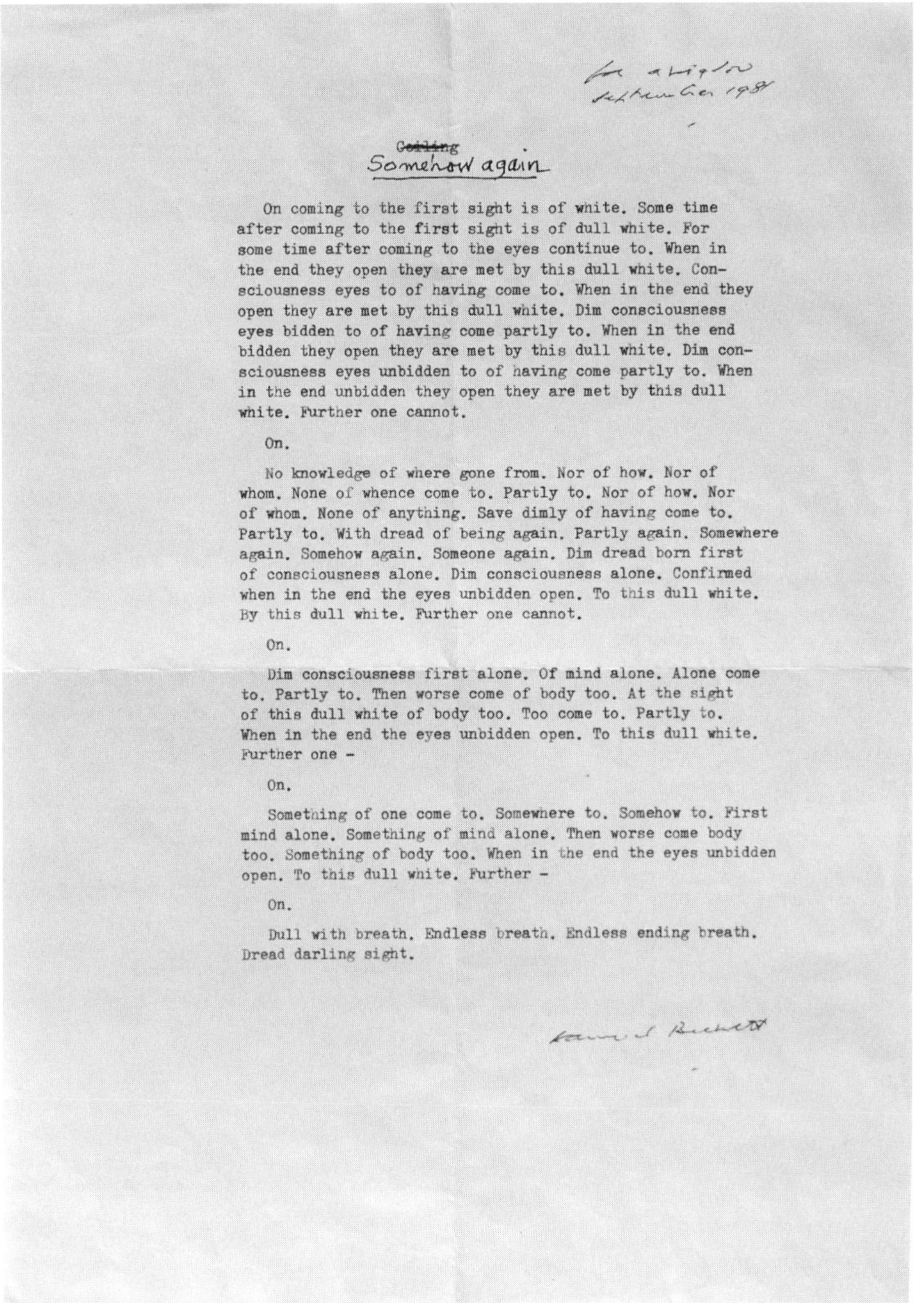

for Avigdor
September 1981

~~Ceiling~~
Somehow again

On coming to the first sight is of white. Some time after coming to the first sight is of dull white. For some time after coming to the eyes continue to. When in the end they open they are met by this dull white. Consciousness eyes to of having come to. When in the end they open they are met by this dull white. Dim consciousness eyes bidden to of having come partly to. When in the end bidden they open they are met by this dull white. Dim consciousness eyes unbidden to of having come partly to. When in the end unbidden they open they are met by this dull white. Further one cannot.

On.

No knowledge of where gone from. Nor of how. Nor of whom. None of whence come to. Partly to. Nor of how. Nor of whom. None of anything. Save dimly of having come to. Partly to. With dread of being again. Partly again. Somewhere again. Somehow again. Someone again. Dim dread born first of consciousness alone. Dim consciousness alone. Confirmed when in the end the eyes unbidden open. To this dull white. By this dull white. Further one cannot.

On.

Dim consciousness first alone. Of mind alone. Alone come to. Partly to. Then worse come of body too. At the sight of this dull white of body too. Too come to. Partly to. When in the end the eyes unbidden open. To this dull white. Further one –

On.

Something of one come to. Somewhere to. Somehow to. First mind alone. Something of mind alone. Then worse come body too. Something of body too. When in the end the eyes unbidden open. To this dull white. Further –

On.

Dull with breath. Endless breath. Endless ending breath. Dread darling sight.

Samuel Beckett

41 Manuskript *Ceiling*, 1981 [Beckett entschied sich – nach einigem Zögern – am Ende für diesen Titel und strich das »Somehow again« aus.]

42 *Samuel Beckett mit Zigarre, 5. Juli 1970*
Pinselzeichnung und Sumitinte auf grundiertem Leinenpapier, 35,1 x 27 cm
[Paris, Musée National d'Art Moderne, Centre Pompidou]

seine gekrümmten Finger (Dupuytrensche Kontraktur), und A. gab ihm einen Handspanner, wie ihn seine Mutter benutzte. Zigarren. Sprach über Carmis Anthologie *(The Penguin Book of Hebrew Verse)* – seit Jahren hatten wir ihm von Carmi erzählt, und Beckett kannte sein Werk, hatte ihn auch einmal zufällig in der Toilette der *Closerie des Lilas* getroffen, während A. und ich im Obergeschoß auf Sam warteten. Carmi hatte gefragt: »Sind Sie Samuel Beckett?«, und Sam antwortete »Yes, so what?« (Ja, warum?), worauf Carmi sich ihm vorstellte.

Nach dem Essen ging Sam ins Kinderzimmer hinüber und spielte Klavier; hörte dann Alba zu, die auch etwas spielte. Später, nach langer Beratung darüber, was er hören wollte, hörten wir uns Schuberts *Forellenquintett* an, dann den Variationensatz über das Liedthema »Der Tod und das Mädchen« aus dem Streichquartett d-Moll. Erst besann er sich nicht auf den Namen des Dichters, obwohl er das Gedicht auswendig konnte: »Du weißt doch, der Herausgeber dieser Zeitschrift, wir haben oft über ihn gesprochen …« Nach einigem Zögern erinnerte sich A.: Matthias Claudius. S. fand den Pianisten (Clifford Curzon) in der Aufnahme des *Forellenquintetts* anfangs zu dominant, später dann nicht mehr. Die folgende Woche wollte er nach Tanger fahren, um dem Beckett-Festival zu entgehen (»Festival d' Automne«, beginnend im Oktober, mit 13 Werken im Programm, nebst Diskussionen, Filmen, usw.) Ich: »Könntest du nicht deine Abwesenheit vortäuschen?« S.: »Kann ich nicht machen, nicht fair. So viele Freunde kommen, Schneider, und andere.« Ich: »Vielleicht könntest du weggehn und dann nach zwei Wochen zurückkommen?« S.: »Das wäre gemogelt, das kann ich nicht machen.« S. ging mit A. hinaus (A. begleitete ihn oft nach Hause.) Er war heute abend weniger müde.

13. November 1981

Zeigte Beckett Nogas neues Teleskop. Er sah es sich kritisch an, dann würdigend: »Wunderbar.« Einfach so, nicht herablassend. Alba, im Begriff auszugehn, springt hin und her. Wir setzen uns zum Abendbrot, sprechen über seine Stücke, über X.s Spiel. X. scheint vor allem von Berichten über Billie Whitelaws *Rockaby* gelernt zu haben, über den Rhythmus im Schaukelstuhl zum Beispiel, usw. Dann darüber, wie Realismus eigentlich abstrakt sei. Malerei versus Literatur.

A. erklärte, daß die Malerei ja nur die Kehrseite der Literatur sei. Als Maler muß er, so gut er kann, die Außenseite der Dinge sehen, um dann das Innere zu erfassen. Das Gedächtnis steht beim Malen der Unmittelbarkeit im Wege, während für den Schriftsteller das Gedächtnis höchst wichtig ist, der Autor muß nach innen sehen, um zur Wahrheit des Äußeren zu gelangen. Was außen ist, ist nicht zu sehen, war Becketts Zwischenbemerkung: »weder vom einen noch vom anderen«; aber für den Maler ist es eine notwendige Vorbedingung, so A. Beckett hörte zu, und man hatte das Gefühl, er nahm das Gesagte im Prinzip hin, mit seinem eigenen Verständnis des Unterschieds: »Literatur und Malerei sind wie Öl und Wasser, und ich weiß nicht, was was ist.« Früher, im Gespräch über Vorahnungen, hatte er es anders ausgedrückt: »Wie Feuer und Wasser sind sie getrennt durch eine Verdampfungszone.«*

Bei Tisch über »Top« und »Kiki« [Elmar und Erika Tophoven] gesprochen, Übersetzungsprobleme. Warum Deutsch so schwierig ist, für *Mal vu mal dit* kein Wort [für »*Mal*« = schlecht und das Schlechte], das zugleich Substantiv und Adjektiv wäre; das Problem der Wortstellung – Verbum am Ende des Satzes. Noga sagte, es sei ja wie beim Latein. S. hörte ihr aufmerksam zu; er hört allen immer sehr aufmerksam zu, manchmal zu deren Unbehagen;

* Zitiert von M. Omer im Ausstellungskatalog *Samuel Beckett by Avigdor Arikha, A tribute to Samuel Beckett on his 70th birthday*, Victoria und Albert Museum, London 1976.

brachte mir wieder zu Bewußtsein, wie ungewohnt es für die meisten ist, so Wort für Wort angehört zu werden – weil sie selber nicht zuhören, sondern nur den allgemeinen Tenor des halb Aufgenommenen herausfischen. Nicht so Sam. Für ihn gab es keinen »allgemeinen Tenor«, und jedes Wort zählte.
Musik danach. A. und Sam suchten nach der Platte mit Mozarts d-Moll-Fantasie, fanden sie nicht und legten das Rondo a-Moll (KV 511) dafür auf. Nicht so gut nach den ersten paar Takten. Dann sprach S. über Marions Reisen, »läuft weg vor ihrem Kummer«. Dann wieder über Schreiben und Malen: Wie (laut A.) nur wenige Schriftsteller wirklich Bilder betrachten, all diese Autoren, die über Malerei schreiben und nicht einmal in den Louvre gehn. Eine Sekunde lang fürchtete ich, Sam bezöge das auf sich, obwohl er dazu schwieg, aber ich, und dann auch A. beeilten uns, Becketts stark entwickelten Sinn fürs Visuelle zu streifen, seine mit Anmerkungen gespickten Museumskataloge (die er A. vermacht hatte), und wie dies seine visuelle Originalität bei der Regieführung seiner Stücke, seine Choreographie beeinflußt haben muß. Dann sagte Beckett, er gehe jetzt nach Ussy [sein Zufluchtsort].
[Was den Louvre angeht, so fürchtete er, dort erkannt zu werden; ging aber mit A. an einem Dienstag (1979) hin, um sich Arikhas Präsentation von Poussins Gemälde *Der Raub der Sabinerinnen* anzusehen (dienstags war das Museum für den Publikumsverkehr geschlossen). Er blieb lange. Sonst aber scheute er inzwischen öffentlich zugängliche Örtlichkeiten. Sogar die Aufführung der *Oh les beaux jours-Inszenierung* von Madeleine Renaud und Jean-Louis Barrault besuchte er nur klammheimlich, um nicht von Fremden angesprochen zu werden. Photographien seiner vielbewunderten markanten Physiognomie waren zu allgegenwärtig, um ihm in Paris noch Anonymität zu gewährleisten. So besuchte er nur noch Restaurants, in denen das Personal diskret blieb, obgleich sie wußten, wer er war, wie zum Beispiel Les Îles Marquises, ein Lokal für Boxer und Boxingfans, und das Café Français, wo er sich mit Freun-

den traf; und selbst dort flüsterte mir bei unserm Weggehn eine Amerikanerin aufgeregt ins Ohr: »Sagen Sie, ist das wirklich Beckett, oder träume ich?« In der Closerie des Lilas ließ er sich nicht mehr blicken, nachdem man ihn dort aufgespürt hatte – nur einmal noch, spät nachts, spielten A. und Sam dort Schach, und Orson Welles kam mit einer Freundin herein. Wir waren jetzt, gegen Mitternacht, nur zu fünft in diesem riesigen Raum, und Welles flüsterte bühnengerecht, also hörbar: »Das ist Beckett da drüben.« Aber keiner rührte sich, um die Bekanntschaft zu vermitteln, obwohl ich das Gefühl hatte, Beckett hätte nichts dagegen gehabt. In Montparnasse war er schon jahrelang eine bekannte Erscheinung. In den fünfziger Jahren, bevor er berühmt wurde, sprach ihn frühmorgens um vier Uhr ein junger Mann im Café La Marine an, wo Beckett mit A. für Bier und Sandwich eingekehrt war und wo sonst eher die Metzger und Bäcker vor Ladenöffnung frühstückten: »Sind Sie Samuel Beckett?« Beckett gab das nicht gleich zu und fragte höflich: »Wo kommen Sie her?« Der junge Mann kam aus Alaska. Und Beckett dann vorsichtig, ob er dorthin zurückfahre. »Ja, morgen«, antwortete der junge Mann zu Becketts Erleichterung. Nach einigen weiteren höflichen Floskeln wurden A. und Sam diskret allein gelassen.]

Dienstag, 22. Dezember 1981
im Café Français. Beckett war enttäuscht, daß Noga nicht mitgekommen war. Sie schlief noch, hatte bis spät Louis Jouvet in *Hôtel du Nord* geguckt. Er hatte eine Geschenk für sie: *The History of Chess* (Geschichte des Schachspiels). Sprachen über Alba und Edward, seine Adresse, Polen – »schreckliche« Situation dort, schien mit A.s Analyse von Solidarność und deren Forderungen einig zu sein. Dann über den Tod Bram van Veldes. Sah traurig aus, als wir darüber sprachen. Ich glaube, es war die Schnelligkeit, mit der wir uns scheinbar an die Vorstellung gewöhnt haben. Denkt er einen Augenblick lang, daß er das sein könnte? Für uns? Dann über Brams

Bruder, den Maler Geer van Velde, und seine kommende Ausstellung. Sam hatte geschrieben, dann abgebrochen, kommt ihn hart an, aber wiederaufgenommen. Sprachen über Jocelyn Herbert und ihre Arbeit für die *Orestie*, sie wird im März aus London herüberkommen. Beckett fragte nach A.s Dozententätigkeit an der École des Beaux-Arts, nach A.s Thema und dem mangelhaften Unterricht dort. Er wirkte nicht mehr angeregt, lebhaft, interessiert; das rasch aufscheinende Lächeln in Erwartung einer witzigen Bemerkung erstarb, als von Brams Tod die Rede war. Noga hätte kommen sollen. Er redete über François Jacobs Fernsehauftritt, über Leben im Mutterleib (schon vor vielen Jahren hatte er behauptet, sich an seine eigene Geburt erinnern zu können), wie Jacob davon sprach als dem noch immer größten Mysterium, Mirakel. Dann über Arthur Rubinstein in Israel, wo ein ganzer Wald nach ihm benannt wurde.

4. November 1982

Kam mit seiner Schultertasche. Ein Geschenk für Noga (Alba, fragt nach ihr, vermißt sie, sie studiert in Amerika), die Ausgabe von 1785 von Dr. Johnsons Gedichten; Noga machte einen Freudensprung. Drinks. Zeigte ihm die Platte mit Elisabeth Schumanns *Nacht und Träume*, die ich nach langem Suchen wie versprochen für ihn aufgespürt habe, wie auch – dank dem befreundeten Pianisten Ayala Cousteau – die Noten für ihn zum Selberspielen. Dann rief er Jocelyn an. Sprach über die Seavers, die ihn besucht hatten. Wir erzählten ihm von Harold Pinters Triple-Bill in London und von Judi Dench in *Something like Alaska* – er hatte davon gehört. Dann kamen wir auf Dante. Die Komposition der Kreise, Boccaccios Erläuterungen, Ugolino, Paolo und Francesca, Dantes Ohnmacht beim Anhören ihrer Geschichte. Erinnert wieder an Joyces Bemerkung, daß alle in der Vergangenheit reden, wundervolle Vokale, *»fui, fu, fummo«*, dann A.s Zwischenbemerkung, daß Manfredi im Präsens spricht. Sam sprach auch über Belacqua, mit einem Lächeln, beschrieb ihn für Noga; verriet ihr dann, daß alles bei Dante in sechsunddreißig Stunden stattfindet. Ich mit der Vermutung, daß Joyce davon inspiriert war, wenn er im *Ulysses* alle Vorgänge in vierundzwanzig Stunden ablaufen läßt. Und Beckett, noch bei Paolo und Francesca, intoniert wieder das »*caddi ... come*«, als Dante ihre Geschichte hörte.

Aß alles auf.* Der frische Lachs schmeckte ihm, die Ananas. Begann danach eine Schachpartie mit Noga. Wir ließen sie in Ruhe; zwei Häupter, in die Hände gestützt, einander zugeneigt, S. geduldig ihr die Folgen ihrer Züge auseinandersetzend. Am 9. Dezember wollten wir zu Billie Whitelaws Auftritt nach London fahren; Noga sagte, sie komme nicht mit, weil sie in der Schule nicht fehlen wollte. Das Schachspiel dauerte etwa 40 Minuten, Zeit genug fürs Geschirrspülen, dann der Kaffee, den er, aufs Spiel konzentriert, nicht zur Kenntnis nahm. Dann hörten wir Schumann, danach Gundula Janowitz mit Schuberts *Raste, du Krieger*, was ihn – im Gegensatz zu einer früheren Gelegenheit – sehr ergriff. Sprachen von Johnson; Beckett verriet, daß er Johnsons lateinische Übersetzungen als Bettlektüre benutze, nachdem ich ihm meine (landläufige) Johnson-Gedichtausgabe gezeigt hatte. Er zitierte aus *The Vanity of Human Wishes* (Die Vergeblichkeit der Menschenwünsche): »*There mark what Ills the Scholar's Life assail / Toil, Envy, Want, the Patron, and the Jail.*« (Was hält Gelehrte lebenslang in Bängnis?: / Neid, Mühe, Notdurft, Gönner und Gefängnis); sprach über Lord Chesterfield. Dann Gesundheitsprobleme – A. erwähnt sein Lipom. S. zeigte ihm die Narben an Hals und Hand, wo eine solche Fettgeschwulst entfernt worden war. Als S., Latein zitierend, Nogas Sprachkenntnis lobt, fragte ich, ob er auch Griechisch gelernt habe; er: »Leider nicht.« Er habe

* Dies ist notiert, weil er in seinen letzten Lebensjahren noch weniger als sonst zu sich nahm – oft nur ein paar Bissen. Seine Freunde achteten deshalb darauf, was er gerne aß und in Restaurants bestellte: *rognons de veau* z. B. (Kalbsnieren) im Les Îles Marquises; *jambon braisé aux épinards* (Schmorbraten mit Spinat) im Chez Françoise. Sonst vor allem Fisch. Bei uns versicherte er den Töchtern, die ihm beim Grätenzerknirschen fasziniert zusahen, daß ihnen das auch sehr guttäte.

»unnützes Zeug, wie Physik und dergleichen« lernen müssen, »wo ich doch schon den Hang zu Sprachen hatte«. Er war gut in Form, warmherzig, nicht müde, schien aber etwas gealtert, schien sich nicht an Dinge zu erinnern, die er schon gesagt hatte, reagierte etwas langsamer, stellte mehrmals Fragen zu dem, was schon beantwortet war. A. (aus irgendeinem Grund) konnte ihn nicht zurückbegleiten. S. wollte nur eine Woche in London bleiben, mußte nach Devon zu seiner Cousine fahren, dann Patricks Witwe besuchen. Pat Magee hatte am Ende sehr nachgelassen – sein Gedächtnis hatte bei seiner Trunksucht gelitten. Seine wunderbare Stimme. Beckett hatte ja, wie er uns schon einmal im Café Français erzählt hatte, nur auf das Anhören einer Radiosendung hin, ein Stück für ihn geschrieben. Sah sich Botticellis Zeichnungen an, fand sie gut. Ich fragte ihn nach Blakes Zeichnungen; er mag sie nicht, kriegt ihn nicht in den Griff, hat kein rechtes Gefühl dafür. Ich: »Halt wirklich ein Dichter, kein Maler.« S.: »Magst du seine Gedichte – ich nicht.« Ich sprach über das Gedicht mit dem Kaminfegerjungen, dem kleinen schwarzen. Und: *»O rose thou art sick«* (O Rose, du bist krank). Er: »Ich mag das nicht besonders.« Verstummt. Als wir über Dante sprachen, rezitierte er ein paar Zeilen, und dann er und ich zusammen: *»Abandon all hope …«* (Laßt alle Hoffnung fahren).

[Ein paar Monate vor der nächsten Aufzeichnung. A. erhielt von der Scottish National Portrait Gallery den Auftrag, die Queen Mother (Mutter von Elisabeth II.) zu malen. Sam hocherfreut, aber A. s anfängliche Reaktion war: »Warum ich?« Er war kein Brite, warum nicht Hockney, warum nicht Lucian Freud; er könne nicht auf Befehl malen, und so fort. Es war dann *nur* auf Sams Drängen hin – »Es ist doch im Verfolg einer großen Tradition« –, daß A. schließlich bei all seinen Skrupeln annahm. Beckett hatte natürlich an all die Maler gedacht, die im Lauf der Geschichte Fürstlichkeiten gemalt hatten, aber ich meinte doch auch, daß ihm ebenso Johnsons Begegnung mit Georg III. in der Bibliothek von Buckingham Palace vorgeschwebt hatte. Etwa ein Jahr später steckte uns Sam einen Zeitungsausschnitt zu, in dem davon die Rede war, daß A. Prinz Philip malen sollte; statt dessen aber malte er Lord Home.]

24. August 1983

Kam herein, wacklig auf den Beinen – offensichtlich nicht vom Trinken, sondern schlicht vom Altwerden. Sah sich um in den kahlen Wänden (wir waren im Begriff, nach New York aufzubrechen, um ein Jahr dort zu bleiben, bei Alba); nahm die Anzeichen unseres Weggehns zur Kenntnis. Setzte die khakigrüne Schultertasche ab, als sei es ein Tornister. Keine Socken an, wie üblich im Sommer (seit ich ihn kenne). Leichtes beiges Sommerhemd. Wir zeigten ihm die hebräische Version von *L'Innommable (Der Namenlose)*, die von dem israelischen Übersetzer Helith stammt. Becketts Name auf hebräisch. Wir sprachen davon, wie die biblischen Resonanzen von Becketts englischer Diktion im Hebräischen durchdringen, und dann über Carmis *Hamlet*-Übersetzung. S. hatte wieder einmal *King Lear* gelesen und fand das Drama noch immer »unaufführbar«, weil zu »wild«: »Szenen und Worte unmöglich auf die Bühne zu bringen.« Bedauert, sich Edgars Worte nicht schon vorher eingeprägt zu haben (er hatte vergessen, daß er damit nach George Devines Tod Jocelyn zu trösten versuchte und auch sonst sie früher oft zitiert hatte): »Sie sind sehr wichtig. ›*The worst is not; so long as we can say, This is the worst.*‹«

Sah so vogelhaft aus. Wir tranken Rieussec; nimmt interessiert A.s Erklärung zur Kenntnis, wie ein Lagerungsunterschied von nur drei Wochen den einen Sauterne trocken, den anderen lieblich macht. Fragte nach der militärischen Rekrutierung von Mädchen in Israel, ob Alba gehen müsse – sie hatte ja aber nur Bürgerrecht wegen A.s Status. Wir sprachen von unserer Reise nach Edinburgh: Dialektformen, schottische und irische. Dann kamen wir auf Synge. (Er hatte uns Synges *In Wicklow, West Kerry and Connemara* [Dublin 1919] gegeben, das er sich 1926 gekauft hatte.) S.: »Nie-

43 *Samuel Beckett im Gespräch*, 26. Juni 1983
Silberstiftzeichnung auf grundiertem Papier, 15 x 11 cm

mand sprach so«, zu Synges Versuch, die Volkssprache wiederzugeben. Sprach vom *Playboy of the Western World*. Versuchte sich eines von Synges Gedichten zu vergegenwärtigen – schöne Bewegung, Haupt in den Händen. Schaffte die erste Zeile, dann die zweite. Wir brachten ihm ein Stück Papier, und er schrieb das Ganze aus dem Gedächtnis auf:

A silent sinner all his days,
No human heart to his drew nigh.
Alone he wound his wonted ways.
Alone and little loved did die –
And autumn death for him did choose
A season dank with wind and rain
And took him, as the evening dews
Were setting o'er the fields again.

Ein stiller Sünder lebenslang,
Kein Menschenherz fand zu ihm hin.
Ging einsam seinen gewohnten Gang,
Starb einsam, wenige liebten ihn
Und Tod den Herbst ihm hat erwählt
Die Jahreszeit in Wind und Regen,
Griff ihn, da auf die Äcker fällt
Der frische Tau als Abendsegen.

Sprach von Synges unglücklicher Liebesaffäre mit Molly Allgood*. Synge verließ sogar das Haus seiner Mutter und zog nach Dublin, um Molly näher zu sein. Warum wollte sie ihn denn nicht, fragten wir. »Sie sträubte sich.« Starb mit zweiunddreißig. Joyce sah ihn noch. Synge hatte einen Hirntumor, der sich ausbreitete. Joyce starb

* der jüngeren Schwester von Sara Allgood (die, aktiv im Abbey Theatre, den Premiereneklat von Synges *Playboy of the Western World* ausgestanden hatte)

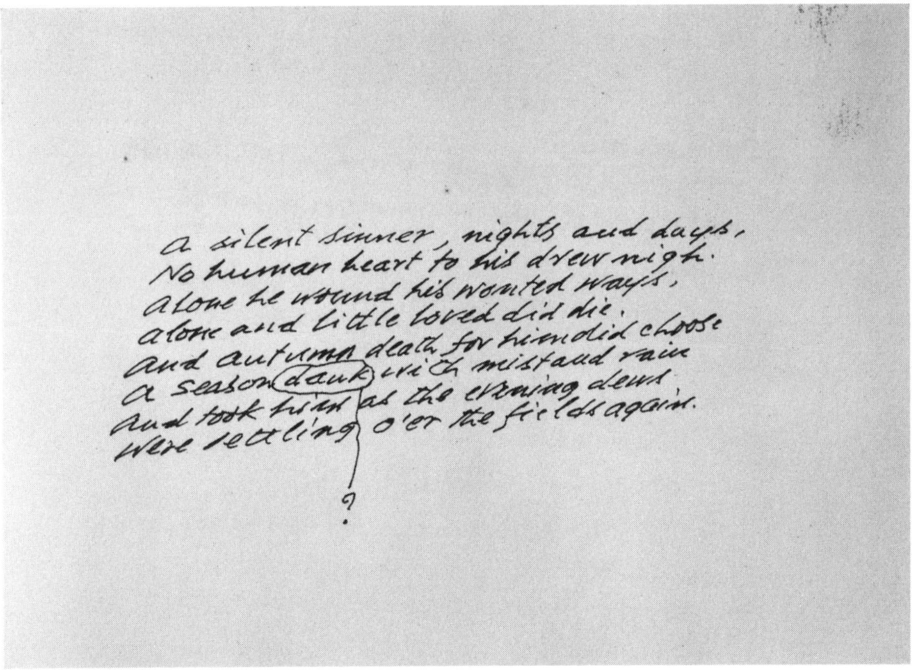
a silent sinner, nights and days,
No human heart to his drew nigh.
alone he wound his wonted ways,
alone and little loved did die.
and autumn death for him did choose
a season dank with mist and rain
and took him as the evening dews
were settling o'er the fields again.
?

44 Gedicht von J. M. Synge, von Beckett aus dem Gedächtnis niedergeschrieben

an (schlecht diagnostizierten) Magengeschwüren, Blutung. Ich las sein Vorwort zum *Playboy* von 1907. S. belächelte den Vergleich: *»as fully flavoured as a nut or apple«* (so aromatisch wie Nuß oder Apfel). Er versuchte, sich Yeats' Meinung über Synge zurückzurufen. Ich fand am Ende, was Yeats sagt, in »The Municipal Gallery Revisited«: »Synge, dieser tief verwurzelte Mensch.« Beckett sprach dann über den Briefwechsel zwischen Synge, Lady Augusta Gregory (Begründerin des Abbey Theatre) und Yeats.* Er bewunderte Synges Stücke sowie auch (wie mir plötzlich bewußt wurde) Brouwers Gemälde – beide beziehen ihre Figuren aus derselben Volksschicht, mit derselben Ironie und Sympathie. Wann immer Brouwers Name fiel (und A. sprach oft mit Beckett über ihn und den Kühemaler Potter), hellte sich Becketts Miene auf.

* Gegenüber Knowlson bekannte er, wieviel er Synges Figuren für den *Godot* schulde.

Ich begleitete ihn heim. Als wir das Gefängnis (an der Rue de la Santé, unweit seines Hauses) erreichten, klagte er, wie er die Gefangenen in der Sommerhitze (vier in einer Zelle) »brüllen« höre, jede Nacht. Wir erinnerten uns an Apollinaires Gedicht, das er im Santé-Gefängnis geschrieben hat: »*Que les heures passent lentement*« (Wie langsam gehn die Stunden dahin). Beckett bewunderte das schöne Wechselspiel von Vokalen und Konsonanten.

S. war jetzt so gebrechlich, knochig und hager, wir hätten ihn notfalls tragen können. Er sprach auch von Edward, Felicity (dessen Frau) und Christopher (deren Sohn). Sam war immer stolz auf Edward, sprach von seinen frühen Jahren am Pariser Konservatorium; wir erwähnten sein verschmitztes Augenlächeln.

Noch etwas über Shakespeares *Lear* – Beckett: »Manchmal gibt es da …« A. unterbricht: »Perlen.« S. fuhr auf, mit einer raschen Kopfbewegung. Er hatte nie eine Aufführung des *Lear* gesehen. Vor dem Abschied fragte er noch nach meiner Mutter, den Brüdern, A.s Mutter. »Fortbewegungsprobleme«, sagte ich. Er grinste. Freute sich, auf das Brot bei de Pierre* gestoßen zu sein. Fand die Übersetzung von *lotte* (Quappe) als *monk fish* (Mönchsfisch) lustig. Sprach vom Ausflug, den Augustus John, Jack Yeats und Synge gemeinsam unternahmen. Dann wieder übers Abbey Theatre, hatte ein Buch darüber zugeschickt bekommen.

(Beckett war in den ersten Monaten des Jahres krank. Wir waren noch in New York. Kamen im Juli zurück.)

23. Dezember 1984

Café Français. Beckett wirkte energischer als erwartet. Sprach über die skandalöse ART-(American-Repertory-Theatre)-Inszenierung von *Endspiel* in Harvard. Wir erzählten ihm von dem Artikel in der *Herald Tribune*. War beim Friseur: kurz geschoren. »Ja, so weit ist's

* in der Rue Daguerre, unweit seiner Wohnung

mit mir gekommen«, scherzt er. »Was steht noch alles bevor?« Noga, verriet ich ihm, schläft noch, wird aber bald zu uns stoßen. »Falls sie's schafft, aus dem Bett zu kommen.« Er erinnerte sich an seine eigenen Schwierigkeiten in jungen Jahren, aus dem Bett zu kommen. Sprachen über Berès' Buch über A. – ein Tribut, *un témoignage*; über Edwards neues Haus; Johns Arbeit bei der BBC. Erwähnte den Auftritt von Dux, fand Frederick Neumanns Adaption viel besser; hatte ihn am Vortag getroffen. Erwähnte Dustin Hoffman nur en passant, etwas von einem verpaßten Treffen. Über ART: Einer nannte Beckett einen Rassisten (Sam hatte sich gegen das Bühnenbild ausgesprochen – eine Karikatur der Ödnis, die ihm vorschwebte – und gegen die Verwendung schwarzer Schauspieler für die Rollen von Nagg und Nell, wenn die anderen weiß sind). Zu kalt, um nach Ussy zu gehen. Unvermittelt sprach er über seine Arbeit. Wie interessant es wäre, ein Stück zu schreiben über das Lesen eines Gedichts. Überraschend seine Wahl:

Let me not to the marriage of true minds,

und dann,

No longer mourn for me when I am dead

Shakespeare, Sonette CXVI und LXXI:

Laß mich von keinen Hindernissen hören.
Die treuer Seelen Ehebund bedräun!

Wenn ich gestorben, traure länger nicht
Als dumpfer Grabeglocken Trauerton
[Übersetzung: Gottlob Regis]

Dachte eine Weile über dieses problematische Projekt nach. Ich über meine Mandelstam-Lektüre: »Gespräche über Dante«. S. über Mandelstam: »*Oh, he's a* fine *poet!*« Noga erschien; heiße Schokolade, Croissants. Sams Augen leuchten auf, und er unterbricht A. mitten im Satz, wendet sich Noga zu, sieht ihr ins Gesicht – noch halb im Schlaf, halb ein Kind –, redet viel mit ihr. Becketts Finger jetzt völlig verkrümmt, sagt, Klavierspielen helfe. Sprach über Garfein, schätzt seine Achtung vor dem Text, will aber nicht, daß er einen Monopolanspruch auf das Werk in New York hat. Rosset hatte, unangekündigt, losgelegt mit einem nachdrücklich formulierten Leserbrief an die Presse über die ART-Inszenierung.
Fragte wieder nach Alba. Sprach mit Noga über Pferde; er war nur einmal geritten, wurde abgeworfen. A. erzählte die Geschichte von seinem Zahnweh und wie er einen wilden Maulesel bestiegen hatte, um ins nächste Kibbuz zu reiten, und abgeworfen wurde. S. sah zu Noga hinüber, wartete ungeduldig auf das Ende der Anekdote; lachte mehr und mehr, je länger wir zusammensaßen. Sprach enthusiastisch über Laurence Sternes *Tristram Shandy*, über seine Freizügigkeit und Erfindungsgabe. (Ich erwähnte die viktorianische Kochbuchautorin Mrs. Beeton, die im Kapitel über »Haushalts-Bedienstete« Sterne entweder zitiert oder eben dasselbe sagt: »In Frankreich haben sie diese Dinge besser im Griff.«)
Beckett blieb eine halbe Stunde länger als sonst.

25. Januar 1985
Café Français. Beckett sprach von seinen Tagen in der Résistance. Dann, wie ihm Joyce einen Empfehlungsbrief schrieb für Valéry Larbaud, der nahe Vichy lebte – ein reicher Mann, großzügig. »Ging hinein zu ihm. Saß im Rollstuhl, gelähmt. Gab ein nettes Sümmchen«, das Sam nach dem Krieg zurückzahlte*. Erzählt, wie er sich aus Paris abzusetzen begann, nachdem er die anderen Mitglieder

* an die Hinterbliebenen; denn Larbaud war inzwischen gestorben

der Widerstandszelle gewarnt hatte, daß sie verraten seien. Alba kam dazu (sie hatte eine Arbeit über Larbaud geschrieben); bei erneuter Erwähnung durch S. rief sie aus: »*Oh, Barnabooth.*« Die beiden sprachen dann mehr über ihn bei einem späteren Zusammentreffen. S. hocherfreut.

2. November 1985

Besuch bei Beckett. Hat schlimme Erkältung, rote Nase, als wir ankamen, weniger rot, als wir uns verabschiedeten. Schwer, mit ihm ins Gespräch zu kommen, taut allmählich aber auf. Als A. sagte: »Keine weiteren Nachforschungen, Kataloge, Filme«, erwiderte S: »*Il faut retrouver l'ignorance*« (Man muß seine Unwissenheit zurückgewinnen). Über all die andere Arbeit: »*C'est très dangereux.*« (Alles sehr gefährlich). Er sprach über G. weniger begeistert, war mit einigen seiner Arbeiten nicht einverstanden. Dustin Hoffman wieder. War sehr erfreut, daß Claude Simon den Nobelpreis bekommen hat – gut für Jérôme Lindon, ihrer beider Verleger.* Simon hatte über Lindon den Kultusminister Jack Lang dazu bewegt, Becketts Nichte finanzielle Hilfe für die Kosten zweier Skoliose-Operationen bereitzustellen – das geschah umgehend (erst die zweite gelang; sie heiratete danach, blieb in Washington.)

Sprach über neue Arbeit: Ein Mann hört Geräusche im Innern; dieselben in derselben Tonhöhe auch draußen, wo sie dann hätten lauter sein sollen. Eine Uhr, ein Schrei. Beckett wortkarg über Suzannes Befinden – geht ihr nicht gut, nein. Verschlossene Miene. Wir sprachen über Pierre Chabert, seinen langjährigen Übersetzer Tophoven, Dutilleux, den er einst bei Mihalovici kennengelernt hatte. Die Hintergrundsmusik im Café ist plötzlich César Franck (nach den gewohnten Händel-, Bach- und Tschaikowski-Ausschnitten).

* In den fünfziger und sechziger Jahren war Simon, der gegenüber wohnte, täglich Punkt fünf bei A. zu Besuch, ließ sich von ihm ein Motto für sein Buch *La route des Flandres* geben: »Als ich meinte leben zu lernen, lernte ich zu sterben.« [Leonardo da Vinci] Simon hatte als Maler angefangen.

Beckett unzufrieden: »Was ist denn das für gräßliche Musik?« Ich wollte wissen, was ihm das Stück so verleidet – ist es zu weinerlich? S.: »Zu akademisch.« Sprachen über Mallarmé; konnte seine Prosa nicht ausstehn, gestand ihm aber einige wunderbare Gedichte zu. Entschuldigte sich, daß er Istomin nicht sehen könne. Albee hatte er tatsächlich (nach dem Budapester Kongreß) mehrfach getroffen. Havel wieder aus dem Gefängnis entlassen.

Zwei Daten: 2. Dezember oder Ende November 1986

Becketts letzter abendlicher Ausgang. Kam zum Abendessen. Nach zwei Jahren wieder abends ausgegangen. Alba und Noga waren auch dabei. Er sah sich um. Braune Baskenmütze.* Sprachen über den Studentenstreik. Er berichtet, daß Billie Whitelaw, die zur *Alliance Française* kommen sollte, es nicht geschafft hat; erwähnt Pierre Chabert. Dann über idiomatische Redensarten. Ich erwähne neue Wörter, die auftauchen und rasch wieder verschwinden, gebe ein paar triviale Beispiele: *»twit«*, *»twerp«*, *»nerd«*. (Trottel, blöder Heini, umgangssprachlich). S. sehr leise und traurig: »Wie schwer, da noch mitzukommen. Man spricht, wie man's gewohnt ist. Sprache verloren.« Ich: »Nicht deine, nicht verloren.« S.: *»Language gone. Heart gone.«* (Sprache verloren; Mut verloren.) Daraufhin schreien die Mädchen und ich: »Nein!« Und lesen ihm aus den Psalmen vor, wie die Sprache nicht durch Alter verlorengeht, holt die King-James-Bibel, A. den hebräischen Text hervor. »Lies du«, fordert mich A. auf, ich will nicht. »Sam, lies du.« Und Beckett las langsam, fast mißtrauisch, *»The Lord is my shepherd, I shall not want«*, Tränen in seinen, in unseren Augen. A. liest das Hebräische. (Der Herr ist mein Hirte; mir wird nichts mangeln, Psalm 23). Unsagbar bewegend.

* Sams Geschmack, was Kleidung betrifft, war zugleich elegant und eigenwillig; die Brille war altmodisch, ein Gestell, wie Kinder es tragen, die Umrandung flexibel weißmetallen – etwa 1956/57 –, mit schwarzem Bakelit umkleidet, das er gewohnheitsmäßig abschälte; auch trug er wohl als einer der ersten runde, randlose Brillengläser.

Nach Tisch lauschten wir Edwards Flötenspiel vom Band: Telemann. Dann *Doppelgänger* und *Leiermann*, *Nacht und Träume*.

18. April 1987
[wahrscheinlich im Café Français] Beckett magerer als zuvor. Gelblich im Gesicht, wie leicht von der Sonne gebräunt, kränkliches Aussehen. Seine blauen Augen strahlend, Lächeln in den Augenwinkeln. Dunkelgrünes Jackett (er sagte »rotzgrün«, wie Joyce), Plaid grün, braun und blaue Hosen, dunkelblauer Rollkragenpullover, sorgsam gewählt. Erster schöner Tag, so daß man sich ins Freie traut. Jocelyn war auch da. Lächeln in seinen Augen aufscheinend und verschwindend. Sprach über die Anthologie. Drei Gedichte für Barney Rosset. Klinik in St Marcel. Gräßliches Krankenhausessen. Jocelyn erinnert sich, wie sie George Devine Essen ins Spital bringen mußte. Er fragt nach David Gotthard, dem neuen Direktor am Royal Court Theatre. Er hat einen Zeitungsausschnitt über A.s Ausstellung in Los Angeles erhalten. Blickt jeden von uns lange und freudig an.

9. Februar 1989
4 Uhr 30 nachmittags, im Altenheim Le Tiers Temps. Wir gehen durch das trist wirkende Haus. Vorm Fernsehgerät, das voll aufgedreht ist, sitzen hauptsächlich alte Damen mit stahlblau getönten Frisuren, Stöcken, die kaum hinsehn. Junge Angestellte geleiten uns lächelnd bis zu seiner Tür. Er öffnet, die Augen gerötet vom Trinken, sah ihn nie zuvor zu solcher Stunde mit geröteten Augen. Ein halbvolles Glas in der Hand, Bushmill's auf dem Tisch, Aschenbecher. Zögert, bevor er zum Stumpen greift. Wie auch sonst manchmal, schwer, mit ihm ins Gespräch zu kommen, dann einfacher, leichter. Spricht über Jocelyn, Billie, Garfein. Lebhafter über Walter Jackson Bates Buch über Dr. Johnson, das ich ihm gegeben hatte; bittet dringend, es behalten zu können. Schätzt besonders das Register. Die Oxford-Episode, die Schuhe, Williams, Tetty, sich verwei-

gernd und Gin trinkend – S. ist wieder ganz er selbst. In Schweigen gewiegt wie eine Katze, und ebenso aufmerksam; alles in allem gut angezogen, gut anzusehen. Dann läutet das Telephon, es ist Suzanne. »Kann ich zurückrufen? In einer Viertelstunde? Avigdor ist hier.« Sie knallt offenbar den Hörer hin. Er kommt zu uns zurück, hockt wie eine seiner eigenen Figuren – Joe etwa in *He, Joe* – auf der Sitzkante seines Stuhls und schweift mit den Augen beim Zuhören in Richtung Telephon ab wie in einem Film, wo der Kameramann der Augenrichtung folgen müßte. Offenbar nur gequält unserer Unterhaltung folgend, da es ihn wirklich zum Telephon zieht. (Suzanne war krank.) A. spricht unbefangen weiter, aber ich unterbreche: »Hättest du gern, daß wir gehn?«, er geradezu: »Ja, doch.« Ich sage, ich verstünde das gut, und so ist es auch. Kuß, Abschied. Schon vor dem Anruf und dem knallenden Auflegen hatte er gesagt, er könne nicht mehr nach Hause zurück, könne der kranken Suzanne nicht helfen, er sei ihr nur im Weg, sie müsse Pflege haben. Ihm allerdings habe der Arzt einen Ausflug nach Ussy (zu Becketts Landhaus) gestattet, habe ihn eines schönen Tags dorthin gefahren, habe alles für ihn besorgt, die Bauersfrau würde sich um ihn kümmern, jemand sähe auch nach dem Haus. (Geschrieben am 18. Februar.)

31. August 1989

Wieder im Altenheim Le Tiers Temps. Wir nehmen die Töchter mit. Frisch geweißte Räume, neue Stühle und Tische, neue Sofas, dieselben alten Frauen, die auf das Einschalten des Fernsehgeräts warten; sie begrüßen uns – gewohnheitsmäßig, oder erkennen sie uns wieder? –, froh, etwas zu tun zu haben? (Offenbar Gewohnheit.)

S. in beigebraunen Hosen, grün-grauem Rollkragenpullover. (Es fiel immer allen auf, wie sorgsam und elegant er sich kleidete.) Sah erst düster drein, begrüßte uns dann mit einem Kuß. Entspannte sich allmählich. Genehmigt sich einen Whiskey (Jameson's): »Ich trink' ihn jetzt pur.« Sprach von Edward, seinen anderen Gästen, erwähnte Billie. Die Bishops waren da, der junge Ire, der mit Barry McGovern gearbeitet hat, sprach dann von K. Wie ging das? »Ich hatte Bedenken, aber er scheint sich etwas beruhigt zu haben, schwatzt nicht mehr so viel.« Sprach mit Alba und Noga, dann mit A. über seine Ausstellung. Über seine neuen Lebensumstände (die alle seine Freunde fürchterlich fanden): »Hier ist alles für mich hergerichtet. Ich bräuchte mehr Hilfe, wenn ich umzöge.« Hat einen Termin mit dem Neurochirurgen, der eine Reihe von fünf Tests über fünf Tage hin vorgeschlagen hat. Über Spurenelemente, erwähnt Edith Fournier. Dann Yeats und Yeats' Vater, der siebzehn Jahre in New York blieb; Joyces Bewunderung für Yeats, der protzige Kranz, den er zu Yeats' Begräbnis schickte. »Er liebte solche Gesten.« Weiterhin erklärte er überraschenderweise, daß Yeats *einige* große Gedichte geschrieben habe – bisher hatte er sein Lob nie eingeschränkt, hätte nie ›einige‹ gesagt. Jetzt aber: »Einige besonders gut – ›*The Tower*‹«, zitierte, wie damals nach Cons Einäscherung:

The death of friends, or death
Of every brilliant eye
That made a catch in the breath –
Seem but the clouds of the sky

Über alte Leute – Beckett sagte, Yeats habe ein gutes Gedicht geschrieben über das Alter, »eine zerschlissene Sache«. Dann sein eigenes

Age is when to a man
huddled over the ingle ...

Dann aus den Addenda zu *Watt* – »wer erzählet die Sage / von dem alten Mann?« Dann Goethe, in bezug auf A.s Erinnerung an Gryphius, beide deklamierend:

Bedecke deinen Himmel, Zeus.

Dann:

No longer mourn for me when I am dead,

ein paar Worte auslassend, aber immer noch das ganze Sonett. Dann Keats: »*pouring forth thy soul in such an ecstasy*«. Dann über Yeats' Betragen gegenüber Sean O'Casey, er wies *The Silver Tassie* zurück (fürs Abbey Theatre). S. hatte vor kurzem einen Brief von O'Caseys Witwe und Tochter erhalten, die im Theater arbeiten. Bei Erwähnung von Morandi meinte Beckett: »Ja, ein großer Maler, machte gute Sachen.« A. behauptet, vom ausgezeichneten Kaffee in Bologna (in Verbindung mit Morandi, der dort lebt) ein »High« gekriegt zu haben (wir waren eben von dort zurückgekommen) – aber A. wisse nicht, ob ihm das den Kopf nach Süd oder Nord verrücke: »In welche Himmelsrichtung schubst der Whisky?« fragt er Beckett. Der antwortet: »Richtung Irland.« Hat Schwierigkeiten beim Gehen, braucht jetzt einen Stock. Wann immer er in die Wohnung zurückwanderte, wurde er von Leuten aufgehalten, die ihn kannten, die alle möglichen Fragen stellten. Hatte im Geist schon andere Routen ausfindig gemacht. Würde jetzt die Rue Jean Dolent hinter der Santé nehmen, nahm sonst gewöhnlich die Avenue René Coty, als sie noch eine ruhige Straße war, jetzt ist sie weniger ruhig. Über Dichter, die jung starben. Keats, Shelley (Trakl hatte er A. gegenüber auch erwähnt). Hörte, es gäbe da jetzt einen guten irischen Lyriker: Seamus Heaney; hörte sehr interessiert zu, als ich meine Vorliebe für ihn bekannte, ich sprach über sein Werk und über Patrick Kavanagh. A. meinte, Beckett habe ja Material für ein Stück in der Alten, die vor seinem Fenster vor sich hin schwatzt, und Beckett bestätigte, ja, sie schwatze da unablässig. Wir erzählten ihm, daß jemand im Israel-Museum einen Bülbül (eine Art Drossel) gefunden und gefüttert habe; der Vogel lebt nun dort. S. erinnert an die Falken, die im Glockengestühl von Notre Dame hausen, er hört sie auf ihrem Weg nach Montrouge, sie stoßen Laute aus wie Hunde, merkwürdig. Garfein, Calder, seine Probleme mit den Büroräumen. S. wurde müde, streckte sich aus, sagte aber, wie gut es sei – A. unterbrach ihn, in der Meinung, er heiße uns gehen –, aber S. meinte, wie gut es sei, wieder über Poesie reden zu können. Fragte nach meiner Produktion, und ich berichtete, daß ein amerikanischer Kritiker geschrieben habe, mein Problem bestehe darin, daß ich mit dem Großteil der amerikanischen Lyrik nicht viel gemein habe. S. sagte: »Das ist doch nicht schlecht.« Ich sagte: »Aber er meinte es abschätzig.« S.: »Das ist nicht abschätzig gemeint.«* Wir verabschiedeten uns um 18 Uhr 10.

11. Dezember 1989

Anruf von Edith Fournier (einer Freundin von Suzanne, die Suzanne bis zu ihrem Tod am 17. Juli 1989 gepflegt hatte und die jetzt Sam betreute); erzählt uns mehr über Sams Befinden; wiederholt einiges, was uns schon Edward erzählt hatte. Sam habe in seinem Delirium A. auf der Mauer wandeln sehen, und man habe ihn sagen hören: *»Je m'inquiète pour Anne«* (Ich mache mir Sorgen um Anne – um meine Augenkrankheit offenbar).** Wenn man denkt, daß er in seinem Delirium an uns gedacht hat! Sie sagte, er habe Verlaine und Tennyson rezitiert. Es war letzten Mittwoch passiert – man fand ihn im Badezimmer auf dem Boden liegend. Vermutlich eine zerebrale Funktionsstörung. Als A. an ebenjenem Abend mit ihm gesprochen hatte, sei Becketts Rede ein undeutliches Gemurmel gewesen, als habe er womöglich zu viel getrunken. Und doch gelang ihm noch ein Wortspiel, als er feststellte: *»Le médecin nage, le malade coule.«****

* Die als unamerikanisch abgetanen Gedichte erschienen ein Jahr später in London (*Offshore*, Enitharmon Press, 1992).

** Herpes der Hornhaut

*** Der Arzt schwimmt, der Kranke ertrinkt; der Name seines Doktors war Coulamy.

12. Dezember 1989

Edith Fournier rief wieder an. Gestern konnte er nur ein paar Löffel Apfelkompott zu sich nehmen. Diesmal rezitierte er, glaubte Edith, *Nursery Rhymes* (Kinderlieder) und etwas Tennyson. Wir haben das Gefühl, als ob wir ihm ferngehalten würden (alle außer Edward), wir dürfen ihn tatsächlich nicht besuchen. Vor drei Wochen sprach er von Alba und Noga; Martha Fehsenfeld berichtete es uns am Telephon. Aufmerksam noch in seiner Hinfälligkeit. Seine wunderbare Gabe der Freundschaft. Jeder auf andere Weise, alle wollen ein paar Minuten von ihm anerkannt werden. Noch im Delirium rezitiert er Gedichte. Wie damals in der Klinik nach der Staroperation – Verlaine, Apollinaire. Gestern Keats.

16. Dezember 1989

Edward, seine Schwester Caroline, der Hämatologe und befreundete Arzt Eoin O'Brien kommen heute. Wie läßt sich das ungeheuer Bewegende seines Wirkens in der Welt erklären. Sein Kopf erfüllt von Dante, Voiture, Keats, Apollinaire. Die Presse schon auf dem Sprung, die Nachrufe zweifellos schon druckfertig. Wenn er wieder hochkommt, muß das ein Rückschlag für sie sein. Edward läßt uns ein paar Tage später zu ihm kommen. Er schlief? Bewußtlos? Wir sahen das Taschenbuch, das er gelesen hatte, auf dem Stuhl, *Sylvia Beach and the Lost Generation* von Noel Riley Fitch (Sylvia Beach – Eine Biographie im literarischen Paris 1920-1940). War es das letzte Buch, das er las? Gewiß nicht die letzten Zeilen, die er sich »vors geistige Auge« rief.

22. Dezember 1989

Edward ruft an. Es ist geschehen.

Edward bittet uns zur Totenfeier am 26. Dezember. Marion, Josette Hayden, Barbara Bray mit Tochter Chechina*, Edward, seine

* Spitzname Francescas

Schwester, einige von Suzannes Freunden und Familie, Jérôme Lindon und seine Frau, zusammen zehn* … Begraben, wie von ihm gewünscht, nahe Suzanne.

Wir gehen in jener ersten Woche mehrmals hin. Bei einer Gelegenheit fanden wir einen gelben Metro-Fahrschein auf dem Grabstein, auf den jemand in kleiner Schrift gekritzelt hatte: »Godot wird kommen.«

22. Dezember 1999

Zehnte Wiederkehr des Todestags. Kiki (Erika Tophoven) geht auf den Friedhof, niemand sonst dort (nicht weit davon wird eine Rue Beckett eingeweiht, und wir sind im Zug nach London), nur ein paar verwelkte Blumen – und eine Banane.

* Unsere Töchter waren zu der Zeit in New York, wo sie im Lincoln Center den *Kaufmann von Venedig* mit Dustin Hoffman als Shylock erlebten; die Nachricht von Becketts Tod erlebten sie als Schock.

DANKSAGUNG

Ich möchte mich vor allem bei Erika Tophoven bedanken, deren Hilfe unschätzbar war; sodann bei Alba Branca und Noga Arikha für ihr genaues Lesen des Manuskripts, bei Ron Costley, Paul Keegan, Frank Pike und Kate Ward (Faber and Faber) für ihre Mühe und Sorgfalt; bei Edward Beckett, John Beckett, Steve Berg *(American Poetry Review)*, bei Jocelyn Herbert, James Knowlson, Orhan Memed und Emmanuel Moses, die auf die eine oder andere Weise behilflich waren; und bei Avigdor Arikha.

REGISTER